후다닥 한 그릇 100 recipes

아침, 저녁, 홈 파티, 다이어트, 간식까지
쉽고 건강한 한 그릇 집밥 레시피

핸디쿡 지음

PROLOGUE

핸디쿡이 추천하는 100가지의 건강한 한 그릇

이 책은 매일 계속 찾게 되는 익숙한 요리들부터 특별한 날 만들기 좋은 색다른 요리들까지, 핸디쿡이 추천하는 100가지의 건강한 한 그릇 요리를 소개합니다. 가볍게 즐기기 좋은 아침 요리, 퇴근 후 든든하게 먹을 수 있는 저녁 요리, 특별한 날 식탁을 빛내줄 홈 파티 요리, 균형 있는 영양의 건강 다이어트 요리, 집에서 만드는 건강 간식으로 구성된 5가지 챕터 속에 덮밥, 볶음밥, 쌈밥, 국밥, 국수, 파스타, 샌드위치, 샐러드, 전, 피자 등 다양한 메뉴가 골고루 수록되어 있습니다. 계량법, 기본양념, 기본육수, 냉동 보관법 등 기초 정보와 가볍게 곁들이기 좋은 20가지의 반찬, 국, 피클, 토핑 등의 레시피도 함께 담았습니다.

바쁜 현대인들을 위한 쉽고 맛있는 집밥

끼니를 거르기 쉬운 바쁜 현대인들에게 균형 잡힌 한 끼를 먹는 것이 쉬운 일은 아니죠. 바쁜 아침과 지친 퇴근 후에도 빠르게, 별다른 반찬 없이도 영양까지 고루 섭취할 수 있는 건강한 한 그릇 집밥을 만나보세요. 엄마의 집밥이 그리운 자취생, 배달식과 외식이 지겨운 싱글족, 가족에게 색다르고 건강한 음식을 차려주고 싶은 맞벌이 부부를 위한 쉽고 맛있는 요리법들을 한 권에 담았습니다.

냉장고 속 식재료 100% 활용 레시피

이 책에 수록된 100가지 요리는 자주 쓰이는 식재료와 기본양념을 사용해 냉장고 속 남은 식재료를 다채로운 요리로 알뜰하게 활용할 수 있습니다. 또한 식재료를 유연하게 활용할 수 있도록 각 요리에 대체 가능한 식재료를 같이 표기하였습니다. 또한 부록에 담긴 냉동 소분법을 활용하면 요리 시간은 단축되고 버려지는 식재료 없이 더욱 알뜰하게 요리할 수 있습니다.

요리 초보도 셰프가 되는 친절한 설명서

요리 초보도 쉽게 따라할 수 있도록 자세한 과정 설명과 요리의 과정 사진을 함께 수록하였습니다. 과정과 과정 사이에는 조리 과정의 이해를 돕는 부연설명, 조리 시 주의해야 할 점, 노하우 등을 팁으로 자세하게 적었습니다.

동영상 레시피 QR코드 수록

각각의 레시피 페이지에는 핸디쿡 동영상 레시피 QR코드가 함께 수록되어 있습니다. QR코드를 스캔하면 자세한 동영상 레시피를 재생할 수 있어요. 영상과 함께 더욱 쉽게 요리해보세요.

CONTENTS

후다닥 소소한
아침 한 그릇 20

번호	메뉴	쪽
001	단호박에그샌드위치	32
002	달걀샌드위치	34
003	프렌치토스트	36
004	길거리토스트	38
005	식빵달걀빵	40
006	단호박수프	42
007	닭고기감자수프	44
008	고구마프리타타	46
009	두부스팸덮밥	48
010	어묵부추덮밥	50
011	명란두부덮밥	52
012	치즈베이컨볶음밥	54
013	오야코동	56
014	양배추소시지덮밥	58
015	새우볶음밥	60
016	우주선김치볶음밥	62
017	마늘종명란볶음밥	64
018	불고기케일비빔밥	66
019	양배추참치볶음밥	68
020	노른자장비빔밥	70

- 프롤로그 … 2
- 목차 … 4
- 레시피 살펴보기 … 8
- 계량도구 사용법 … 10
- 자주 쓰는 기본양념 … 12
- 멸치다시마육수 … 14
- 냉동 소분 팁 … 16
- 후다닥 더하는 간단 반찬 … 20
- 후다닥 더하는 간단 국 … 24
- 새콤달콤 수제 피클 … 26
- 건강한 마늘, 알뜰 활용법 … 28

- 인덱스(종류별) … 240
- 인덱스(가나다 순) … 242

후다닥 든든한
저녁 한 그릇 30

021 대패삼겹살볶음덮밥 ········ 74
022 텐신항 ················ 76
023 데리야끼치킨덮밥 ········· 78
024 오징어볶음덮밥 ·········· 80
025 참치김치덮밥 ············ 82
026 베이컨숙주덮밥 ·········· 84
027 닭갈비덮밥 ············· 86
028 새우브로콜리잡채덮밥 ······ 88
029 돼지고기미나리덮밥 ········ 90
030 불고기깍두기볶음밥 ······· 92
031 닭고기조림덮밥 ·········· 94
032 고추참치달걀덮밥 ········· 96
033 오므라이스 ············· 98
034 마파가지덮밥 ············ 100
035 목살김치덮밥 ············ 102
036 마늘카레덮밥 ············ 104
037 오코노미야키덮밥 ········· 106
038 스팸짜장덮밥 ············ 108
039 마늘감자조림덮밥 ········· 110
040 두부장비빔밥 ············ 112

041 두부청경채덮밥 ·········· 114
042 김치콩나물국밥 ·········· 116
043 어묵비빔국수 ············ 118
044 양배추볶음라면 ·········· 120
045 찜닭볶음면 ············· 122
046 불고기크림파스타 ········· 124
047 명란크림파스타 ·········· 126
048 깻잎페스토참치스파게티 ···· 128
049 감자들깨칼국수 ·········· 130
050 김치수제비 ············· 132

후다닥 근사한
홈 파티 한 그릇 20

051 새우갈릭버터구이 ………… 136
052 찹스테이크 ……………… 138
053 두부베이컨말이 …………… 140
054 두부돼지고기숙주볶음 …… 142
055 카프레제샐러드 …………… 144
056 양배추롤 …………………… 146
057 가지오븐구이 ……………… 148
058 감자치즈그라탱 …………… 150
059 감바스알아히요 …………… 152
060 버터바지락술찜 …………… 154
061 해물파전 …………………… 156
062 두부애호박그라탱 ………… 158
063 양배추비빔만두 …………… 160
064 훈제오리묵은지쌈밥 ……… 162
065 오삼불고기 ………………… 164
066 두부피자 …………………… 166
067 훈제연어크림치즈브루스케타 ·· 168
068 바질페스토브루스케타 …… 170
069 만다린브루스케타 ………… 172
070 갈릭쉬림프브루스케타 …… 174

후다닥 가벼운
다이어트 한 그릇 10

071	명란아보카도덮밥	178
072	부추달걀비빔밥	180
073	두부오믈렛	182
074	연어샌드위치	184
075	주키니파스타	186
076	방울토마토그린빈샐러드	188
077	연두부샐러드	190
078	마늘소고기샐러드	192
079	오이냉국국수	194
080	파프리카월남쌈	196

후다닥 건강한
간식 한 그릇 20

081	고구마맛탕	200
082	국물떡볶이	202
083	두부전	204
084	크림떡볶이	206
085	두부맛탕	208
086	감자전	210
087	콘치즈	212
088	감자샐러드	214
089	고구마치즈스틱	216
090	묵은지마약김밥	218
091	김치치즈전	220
092	흑임자참치말이	222
093	떡꼬치	224
094	양파짜장떡볶이	226
095	떠먹는피자	228
096	새우애호박전	230
097	반건조오징어버터구이	232
098	식빵핫도그	234
099	식빵애플파이	236
100	견과류시리얼바	238

레시피 살펴보기

이 책에는 아침, 저녁, 홈 파티, 다이어트, 간식으로 분류된 100가지의 한 그릇 레시피가 소개되어 있습니다.
요리를 시작하기 전, 레시피 페이지의 구성 요소들을 미리 확인해 보세요.

01 요리명
100가지의 한 그릇 요리를 소개합니다. 아침, 저녁, 홈 파티, 다이어트, 간식으로 분류된 다양한 한 그릇 요리들을 만나보세요.

02 요리 소개
맛과 영양 정보, 활용법 등 요리의 이해를 도울 수 있는 간략한 정보를 함께 담았습니다.

03 난이도 · 조리 시간
조리 시간과 함께 난이도를 상(●●●), 중(●●○), 하(●○○)로 나누어 표기하였습니다.

04 요리 영상 QR코드
각 요리의 페이지에는 동영상 레시피 QR코드가 함께 담겨 있습니다. QR코드를 스캔하여 자세한 영상과 함께 더욱 쉽게 요리해보세요.

영상 QR코드
자세한 요리 영상과 함께 더욱 쉽게 요리해보세요.

001

① 단호박에그샌드위치

② 바삭하게 구운 식빵 사이에 맛있게 버무린 샐러드를 푸짐하게 채워 한 입 베어 물면 단호박의 달콤함과 달걀의 고소함이 입안에서 사르르~. 전자레인지로 간편하게, 든든한 단호박에그샌드위치를 만들어보세요.

③ 난이도 ●○○
조리 시간 20분

⑤ 재료(2인분/2개)
식빵 4장
단호박 1/2개(500g)
삶은 달걀 2개
청상추 5~6장(선택)
마요네즈 2큰술
꿀(또는 물엿) 1/2큰술
소금 3~4꼬집
마요네즈 약간

⑥ 만드는 법
1 식빵은 앞뒤로 노릇하게 구운 뒤 식힘망에 올려 한 김 식힌다.
2 단호박의 씨를 긁어내고 위아래 꼭지를 잘라낸 뒤 2cm 폭으로 길게 토막낸다.
3 넓은 전자레인지용 그릇에 단호박을 담고 랩을 씌운다. 이쑤시개로 몇 군데 구멍을 뚫은 다음 전자레인지에서 9분간 익힌다.
4 삶은 달걀은 포크로 으깨거나 칼로 잘게 다진다.
  └ (달걀 삶기) 달걀이 80% 잠길 정도의 물을 붓고 중불에서 12~13분 정도 삶아주세요.
5 단호박을 꺼내어 포크로 곱게 으깬 뒤 달걀, 마요네즈, 꿀, 소금을 넣고 버무린다.
  └ 단호박 껍질에는 영양이 풍부해 껍질째 요리하는 것이 좋아요.
6 식빵 4장의 한쪽 면에 각각 마요네즈를 얇게 펴 바른다.
  └ 빵 안쪽에 마요네즈를 바르면 빵이 쉽게 눅눅해지지 않아요.
7 식빵 2장 위에 청상추와 샐러드를 올리고 남은 식빵으로 덮어 가볍게 눌러준다.
8 먹기 좋은 크기로 썬 뒤 그릇에 담아 완성한다.

⑦

32 BREAKFAST

05 재료·분량

이 책은 2인분을 기준으로 분량을 소개하고 있습니다. 계량법에 대한 안내는 11페이지를 참고하세요.
선택 재료 : 분량 옆 (선택)으로 표기된 재료는 있으면 좋지만 맛에는 크게 영향을 끼치지 않는 재료를 말합니다. 상황에 맞게 재료를 구성하여 요리해보세요.
대체 재료 : 대체가 가능한 재료를 함께 소개하였습니다.

06 만드는 법

시간에 따른 순서로 만드는 방법을 자세하게 안내합니다.
팁 : 과정의 이해를 돕는 설명과 조리 시 주의해야 할 부분, 노하우 등을 적었습니다. 조리 전 반드시 확인해주세요.

07 과정·완성 사진

과정을 한눈에 이해할 수 있도록 과정 사진을 함께 담았습니다. 완성 사진을 참고하여 요리를 완성해보세요.

맛있는 요리의 시작 계량도구 사용법

레시피를 더욱 정확하게 활용하기 위해 계량도구를 사용하는 것이 중요해요. 처음엔 어렵고 번거롭게 느껴질 수 있지만 알고 나면 쉽고 간편한 계량도구들. 그 사용법을 익혀보세요.(*이 책에서는 계량스푼, 계량컵, 계량저울을 기준으로 분량을 표기하였습니다.)

01 계량스푼

- 이 책은 계량스푼을 기준으로 분량을 표기하였습니다.
- 양쪽으로 구분된 계량스푼을 기준으로 '큰술'과 '작은술'로 구분하며 **1큰술(1T)은 15ml, 1작은술(1t)은 5ml**입니다.
- 계량스푼은 아래로 갈수록 부피가 줄어들기 때문에 1/2큰술을 계량할 때에는 1/2높이보다 약간 높게 담아 계량합니다.
- 납작한 형태보다는 깊이감이 있는 계량스푼이 더욱 정확하게 계량할 수 있어요.

02 계량컵

- 200ml, 240ml 등 나라마다 1컵의 기준이 다르기 때문에 참고하는 레시피의 계량컵 크기를 미리 확인하는 것이 좋아요.
- 이 책의 **1컵(1C) 기준은 200ml**입니다.
- 계량컵을 계량할 때에는 바닥이 평평한 곳에서 눈금을 확인하며 계량합니다. 가루 재료의 경우 눌러담지 않고 가루를 수북이 담은 뒤 공기층이 남아있지 않도록 흔들어줍니다. 젓가락을 이용해 윗면을 평평하게 깎아 계량합니다.

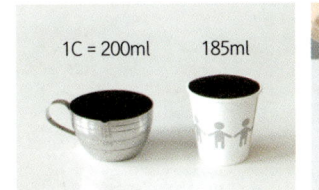

종이컵으로 대체하기

- 종이컵을 활용하면 계량컵과 비슷한 양을 계량할 수 있어요.
- 종이컵에 가득 담은 양은 **185ml 정도**입니다. 1컵을 계량할 경우 종이컵 1컵에 약간의 양(1큰술 정도)을 더 추가해 계량해주세요.

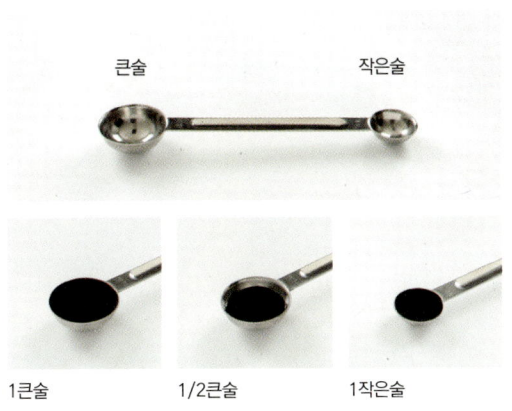

1큰술 / 1/2큰술 / 1작은술

밥숟가락으로 대체하기

- 계량스푼 대신 밥숟가락을 사용할 경우 계량법에 차이가 있어요.
- 액체재료의 1큰술(15ml)은 밥숟가락으로 **찰랑하게 2숟가락**, 반고체 재료와 가루 재료의 1큰술은 밥숟가락으로 **소복하게 1숟가락**을 담아 계량합니다.

1큰술 = 찰랑하게 2숟가락 / 1큰술 = 소복하게 1숟가락

03 계량저울

- 무게로 재료의 양을 측정하는 계량저울은 주로 양이 많거나 부피가 큰 재료를 재는 데 사용됩니다.
- **눈금이 있는 저울**은 저울접시 위에 재료를 올려 바늘이 가리키는 눈금으로 무게를 확인합니다.
- **전자식 저울**은 저울 위에 빈 그릇을 올린 다음 버튼을 눌러 무게 표시를 먼저 '0'으로 맞추고 원하는 양에 맞게 수치를 확인하며 재료를 담아 계량합니다.

요리의 명품 조연 자주 쓰는 기본양념

식용유 : 식용유에는 콩기름(대두유), 옥수수유, 카놀라유, 포도씨유, 올리브유 등이 있어요. 고온에서 조리하는 요리의 경우 발연점이 높은 콩기름, 옥수수유 등을 사용하는 것이 좋아요.

구운 소금 : 고온에서 구워 유해 성분을 제거한 소금으로 입자가 곱고 부드러운 짠맛을 냅니다.

후춧가루 : 육류, 해산물 등의 재료를 밑간할 때 약간 넣으면 냄새를 제거하는 효과가 있어요. 고온에서 조리할 때에는 먹기 직전 더해 간을 맞추는 것이 좋아요.

설탕 : 음식에 깔끔한 단맛을 더해주는 재료로 정제 정도에 따라 흑설탕, 황설탕, 백설탕으로 나눕니다.

물엿 : 요리에 부드러운 단맛과 윤기를 더하고 설탕의 양을 줄여주는 역할을 합니다. 올리고당으로 대체 가능해요.

고춧가루 : 붉은 고추를 말려 곱게 빻은 식재료로 음식에 붉은색을 내거나 칼칼한 매운맛을 내는 데 사용됩니다.

고추장 : 고춧가루에 찹쌀, 엿기름, 메줏가루, 소금 등을 넣고 섞어 만든 장으로 매운맛과 깊은 감칠맛이 나요.

된장 : 재래식 된장을 사용합니다. 된장에 따라 염도에 차이가 있으니 요리 마지막 단계에 소금을 가감하여 간을 조절하세요.

(진)간장 : 여러 해 동안 숙성시켜 국간장에 비해 감칠맛과 단맛이 나며 색은 진하고 염도는 낮아요.

국간장 : 한국의 전통 방식으로 만든 간장으로 색이 연하며 짠맛이 강한 것이 특징입니다. 주로 국, 찌개의 간을 맞추거나 나물을 무치는데 사용돼요.

청주 • 맛술 • 와인 : 주로 요리의 잡내를 제거하거나 소스에 풍미를 더할 때 사용됩니다. 맛술은 청주에 단맛과 향미를 첨가한 것으로, 청주 대신 맛술로 대체할 경우에는 단맛을 내는 재료(설탕, 물엿 등)의 양을 약간 줄여 요리하세요. 요리용으로 사용하는 와인은 단맛이 적은 것이 좋아요.

식초 : 산뜻한 신맛을 내는 사과식초와 레몬식초를 주로 사용하였습니다. 2배 농축된 식초의 경우 희석하여 사용하거나 절반 분량만 계량하여 사용하세요.

매실액 : 주로 양념에 소량 사용하여 부드러운 단맛을 더합니다.

참기름 : 참깨를 볶아 압착하여 만든 기름으로 음식에 고소한 맛과 향을 더합니다.

멸치액젓 • 까나리액젓 : 간을 맞출 때 소량 사용하면 깊은 감칠맛을 더해줍니다.

통깨 • 깨소금 : 통깨는 볶은 참깨를 말하며, 깨소금은 통깨의 맛과 향, 소화력을 높이기 위해 반 정도 크기로 간 것을 말해요.

다진 마늘 • 다진 생강 : 다진 마늘과 생강은 냉장 보관하면 맛과 향이 쉽게 변질되기 때문에 그때그때 필요한 만큼만 다져 사용하거나 다진 후 소분하여 냉동 보관하는 것이 좋아요.

감자전분 : 주로 얇은 튀김옷으로 사용하거나 소스의 농도를 걸쭉하게 맞추는 데 사용합니다.

굴소스 : 볶음 요리에 자주 사용되는 굴소스는 발효시킨 굴을 이용해 만든 중국의 피시소스로 요리에 짠맛과 함께 독특한 풍미를 더해줍니다.

버터 : 우유의 지방을 분리하여 응고시킨 식품으로 음식에 달콤하고 고소한 향미를 더해줍니다.

발사믹식초 : 포도와 와인을 장기간 숙성시킨 식초로 색이 검고 새콤한 맛이 나요. 샐러드드레싱, 생선 요리, 육류 요리 등에 많이 사용됩니다.

파슬리가루 : 향이 강하지 않고 색이 고와 소스, 드레싱, 튀김옷 등에 넣거나 고명으로 사용하기 좋아요.

바질가루 : 말린 바질 잎을 가루 낸 허브로 상큼한 향에 약간의 매운맛이 특징이에요. 특히 토마토, 마늘, 가지, 올리브유를 활용한 요리와 잘 어울립니다.

깊고 진한 감칠맛 멸치다시마육수

조금은 번거로워도 미리 만들어 다양한 국물요리에 활용해보세요. 멸치의 깔끔하고 구수한 감칠맛과 다시마의 시원하고 개운한 맛이 요리에 깊이를 더해줍니다.

01 멸치다시마육수

분량 약 6컵 | **조리** 30분 | **보관** 냉장 5일, 냉동 1개월

재료_ 물 7컵, 국물용 멸치 10마리, 다시마 1장

만드는 법_ 1. 멸치의 머리와 내장을 떼어 손질한다. **2.** 중불로 달군 냄비에 멸치를 넣고 2~3분 정도 볶아 비린내를 제거한다. **3.** 물을 붓고 다시마를 넣은 뒤 센불로 올려 끓인다. **4.** 끓기 시작하면 다시마를 건져내고 약불로 줄인 뒤 떠오르는 거품을 걷어가며 20분간 끓인다. **5.** 체로 멸치를 건져내거나 육수를 면포에 걸러 완성한다.

> **조리 팁**
> - 멸치의 머리와 내장은 육수에 쓴맛이 나게 하기 때문에 제거하고 사용하는 것이 좋아요.
> - 다시마는 고온에서 오래 가열하면 특유의 점액질과 쓴맛이 녹아 나올 수 있어요. 깔끔한 감칠맛 성분만 우러나도록 육수가 끓기 시작하면 바로 건져내주세요.

02 멸치다시백 만들기

멸치를 미리 손질한 뒤 다시마와 함께 소분하여 냉동 보관하면 조리 시간을 줄일 수 있어요. 오래 보관할수록 냄새가 다시 배어들 수 있으니 냉동 보관하여 1개월 이내에 사용하세요.

만드는 법_ 1. 위 1~2의 방법으로 멸치의 내장을 손질하고 비린내를 제거한다. **2.** 다시백에 멸치 10마리, 다시마 1장씩(1회 사용분)을 넣어 소분한다. **3.** 지퍼백 또는 밀폐용기에 담아 냉동 보관한다.

육수 내기_ 냄비에 찬물 약 6컵과 멸치다시백 1장을 넣고 중불에서 10분간 끓인 뒤 다시백을 건져낸다.

❄ 보관은 길게, 요리는 빠르게

자주 쓰는 식재료 냉동 소분 팁

요리 후 남기 쉬운 재료를 소분하여 냉동 보관하면 보관 기일은 늘리고 조리 시간은 단축할 수 있어요. 버려지는 재료 없이 알뜰하게 사용해보세요.

> ★ **냉동 보관 시 주의 사항**
> - 소분한 재료에 포장한 날짜를 표기하고 가급적 빠른 시일 내에 사용합니다.
> - 영하 18~20℃ 이하의 온도를 유지하여 보관합니다.
> - 장기간 보관하는 식재료는 냉동실 안쪽 깊은 곳에 보관하거나 냉동실 서랍에 보관합니다.
> - 상온에서 장시간 해동시키거나 찬물이 아닌 따뜻한 물에 담가 해동시키면 미생물이 빠르게 증식해 식중독 위험을 높일 수 있어요. 가급적 냉장실에서 서서히 해동한 후 바로 사용하고 재냉동하지 않도록 주의합니다.

식빵 1개월 이내

1회 사용할 분량씩 나누어 보관하면 냉해동의 반복을 피할 수 있어요. 넓은 비닐백에 겹치지 않도록 2장을 넣은 뒤 반을 접어 밀봉하거나 사이사이 종이호일을 끼워 4~5장씩 비닐에 담아 밀봉한 다음 냉동 보관합니다. 식빵은 냄새를 쉽게 빨아들이기 때문에 오래 보관할 경우 밀폐용기에 담아 한 번 더 밀봉하면 냄새의 흡수를 줄일 수 있어요.

해동 : 요리 1~2시간 전 상온에 꺼내어 자연해동시키거나 냉동된 상태 그대로 토스트기에 바로 구워 사용합니다. 전자레인지에 해동할 경우 수분을 빼앗겨 질겨질 수 있으니 식빵에 물을 약간 뿌린 다음 30초 정도 돌려 해동합니다.

버터 1년 이내

버터를 한 조각씩(약 10g) 잘라 사이사이 종이호일을 끼워 넣은 다음 냄새가 배어들지 않도록 밀폐용기에 담아 냉동 보관합니다.

해동 : 열을 가하는 요리에는 바로 사용합니다. 스프레드와 같이 부드러운 상태로 사용할 경우 1시간 전에 미리 냉장실에 옮겨두거나 10분 전 상온에 꺼내어 해동합니다.

밥 2개월 이내
2일 이상 보관할 경우 보온상태로 보관하는 것보다 냉동 보관하는 것이 탄수화물의 변성을 막아 처음의 맛을 더욱 오래 유지할 수 있어요. 어느 정도 식은 밥을 지퍼백 또는 전자레인지용 밀폐용기에 1인분씩 나누어 담고 밀봉하여 냉동 보관합니다. 온기가 약간 남아 있는 상태에서 밀봉해야 해동 후에도 부드럽고 촉촉한 식감을 살릴 수 있어요.
해동 : 1인분씩 꺼내어 전자레인지에 넣고 2~3분 정도 돌려 해동합니다. 이때 밥 위에 얼음을 1개 올리거나 물을 약간 뿌려 돌려주면 표면이 마르지 않고 촉촉하게 해동할 수 있어요.

마늘 6개월 이내
마늘을 다진 뒤 비닐백에 얇게 펼쳐 담아 밀봉하고 냉동 보관합니다. 통째로 얼릴 때에는 꼭지를 제거하고 깨끗이 씻어 물기를 닦아낸 뒤 냉동 보관합니다.
해동 : 다진 마늘은 필요한 만큼씩 비닐백을 꺾어 조각을 낸 뒤 요리에 바로 사용합니다. 통째로 얼린 마늘은 5분 전 미리 상온에 꺼내어 해동합니다.

생강 6개월 이내
생강을 다지거나 강판에 간 뒤 비닐백에 얇게 펼쳐 담아 밀봉하고 냉동 보관합니다. 편으로 썰어 보관할 때에는 하루 정도 말려 표면의 수분을 없앤 다음 비닐백에 담아 냉동 보관하면 서로 달라붙지 않고 성에가 생기지 않아요.
해동 : 필요한 만큼씩 비닐백을 꺾어 조각을 낸 뒤 요리에 바로 사용합니다.

대파 3개월 이내
줄기 부분은 깨끗이 씻어 키친타월로 물기를 닦아낸 다음 용도에 맞게 썰어 냉동 보관합니다. 10cm 크기의 막대 모양으로 잘라 냉동 보관하면 하나씩 꺼내어 그때그때 요리에 맞게 썰어 사용하기 좋아요. 뿌리 부분은 솔로 깨끗이 씻어 물기를 닦아낸 뒤 냉동 보관하였다가 육수를 낼 때 사용합니다.
해동 : 필요한 만큼씩 꺼내어 요리에 바로 사용합니다.

고추 6개월 이내
꼭지를 제거하고 깨끗이 씻은 뒤 키친타월로 물기를 닦아낸 다음 비닐백에 담아 냉동 보관합니다.
해동 : 냉동된 상태 그대로 용도에 맞게 썰어 바로 사용합니다.

소고기 · 돼지고기 4개월 이내

앞뒤로 식용유를 고루 바른 뒤 썰지 않은 그대로 비닐백에 겹치지 않도록 담아 냉동 보관하고 4개월 이내에 사용합니다. 식용유를 발라주면 고기의 수분이 빠져나가는 것을 막고 냄새의 흡수를 차단해 신선한 상태를 더 오래 유지할 수 있어요.

해동 : 먹기 하루 전 밀봉한 상태 그대로 접시에 담은 뒤 냉장실에 옮겨 천천히 해동해야 육즙과 맛의 손실을 줄일 수 있어요. 단시간에 해동할 경우에는 비닐째 찬물에 담가 해동한 다음 요리에 바로 사용합니다. 한번 해동시킨 고기는 재냉동하지 않도록 주의하세요.

다진 고기 2주 이내

다진 소고기와 다진 돼지고기는 해동이 쉽도록 비닐백에 납작하게 펼쳐 담은 다음 밀봉하여 냉동 보관하고 2주 이내에 사용하는 것이 좋아요.

해동 : 먹기 3~4시간 전 밀봉한 상태 그대로 접시에 담은 뒤 냉장실에 옮겨 천천히 해동합니다. 다진 고기는 육즙이 쉽게 빠져나올 수 있으니 고기가 80% 정도 녹으면 꺼내어 비닐백을 뒤틀며 잘게 부순 다음 요리에 바로 사용합니다.

닭고기 2개월 이내

닭고기는 냉장 보관 기간이 1~2일 정도로 짧기 때문에 많은 양을 구입한 경우, 최대한 일찍 소분하여 냉동하는 것이 좋아요. 비닐백에 겹치지 않도록 펼쳐 담거나 1회 사용할 분량씩 나누어 담아 밀봉하고 냉동 보관합니다.

해동 : 먹기 하루 전 밀봉한 상태 그대로 접시에 담은 뒤 냉장실에 옮겨 천천히 해동해야 육즙과 맛의 손실을 줄일 수 있어요. 단시간에 해동할 경우에는 비닐째 찬물에 담가 해동한 다음 요리에 바로 사용합니다.

베이컨 2개월 이내

소량의 경우, 지퍼백에 겹치지 않도록 일렬로 담은 다음 말아 접어 냉동 보관합니다. 양이 많은 경우, 서로 달라붙지 않도록 켜켜이 종이호일을 깐 뒤 지퍼백에 담아 냉동 보관합니다.

해동 : 바로 굽거나 냉동된 상태 그대로 썰어 조리합니다.

명란젓 6개월 이내

한 번 먹을 분량씩 랩으로 감싸거나 겹치지 않도록 비닐백에 펼쳐 담은 뒤 밀봉하여 냉동 보관합니다.

해동 : 1시간 전 냉장실에 옮겨 해동하거나 실온에 30분 정도 두어 해동한 뒤 바로 사용하는 것이 좋아요.

떡볶이 떡 6개월 이내

1회 사용할 분량씩 소분해 겹치지 않도록 비닐백에 펼쳐 담은 다음 밀봉하여 냉동 보관합니다.

해동 : 미지근한 물에 30분 정도 담가 해동합니다. 떡이 서로 달라붙어 있는 경우 손으로 하나씩 떼어주세요. 단시간에 해동할 때에는 끓는 물에 살짝 데친 뒤 찬물에 헹구어 사용합니다.

어묵 6개월 이내

먹기 좋은 크기로 썬 뒤 1회 사용할 분량씩 비닐백에 나누어 담아 냉동 보관합니다.

해동 : 찬물에 가볍게 헹군 다음 요리에 바로 사용합니다.

새우 2개월 이내

새우의 머리를 떼어낸 뒤 이쑤시개를 이용해 등쪽의 내장을 제거한 다음 깨끗이 씻어줍니다. 키친타월을 이용해 몸통 표면의 물기를 닦아낸 다음 겹치지 않도록 사이사이 비닐 또는 종이호일을 깔고 밀폐용기에 담아 냉동 보관합니다. 새우의 머리도 냉동해두었다가 육수를 내거나 소스를 만들 때 활용해보세요. 수염을 잘라내고 깨끗이 씻어 냉동하면 1개월 정도 보관이 가능합니다.

해동 : 새우의 몸통은 찬물에 5~10분 정도 담가 해동합니다. 새우의 머리는 찬물에 가볍게 헹군 뒤 바로 사용합니다.

오징어 2개월 이내

오징어의 내장을 제거하고 몸통과 다리를 분리한 뒤 깨끗이 씻어 손질합니다. 키친타월을 이용해 표면의 물기를 닦아낸 다음 몸통과 다리를 각각 비닐백에 펼쳐 담고 밀봉하여 냉동 보관합니다. 썰어서 보관할 경우에는 용도에 맞는 크기로 썰어 한 번에 사용할 만큼씩 소분하여 냉동 보관합니다.

해동 : 해동 시간이 짧아 찬물에 가볍게 헹군 뒤 요리에 바로 사용합니다.

한 그릇과 함께 1

후다닥 더하는 간단 반찬

01
씹을수록 고소한
콩나물무침

분량 2인분 | **조리** 15분

재료_ 콩나물 1/2봉지(170g), 소금 약간 [양념] 다진 파 1/2큰술, 들기름(또는 참기름) 1작은술, 국간장 1/2작은술, 다진 마늘 1/2작은술, 깨소금 1/2작은술

만드는 법_ 1. 콩나물은 흔들어 씻어 콩껍질을 제거하고 체에 밭쳐 물기를 뺀다. **2.** 끓는 물에 소금을 약간 넣은 뒤 콩나물을 넣고 3분간 데친다. **3.** 데친 콩나물을 찬물에 헹구고 체에 밭쳐 물기를 뺀다. **4.** 콩나물에 양념 재료를 넣고 고루 버무린 다음 부족한 간은 소금으로 간하여 완성한다.

tip_ 콩나물은 처음부터 뚜껑을 열어 데치거나, 뚜껑을 덮은 채 끝까지 삶아야 비린내가 나지 않아요.

02
고춧가루 솔솔 입맛을 자극하는
매콤콩나물무침

분량 2인분 | **조리** 15분

재료_ 콩나물 1/2봉지(170g), 소금 약간 [양념] 다진 파 1/2큰술, 국간장 1작은술, 고춧가루 1작은술, 참기름 1작은술, 다진 마늘 1/2작은술, 깨소금 1/2작은술, 멸치액젓 1/4작은술

만드는 법_ 1. 콩나물은 흔들어 씻어 콩껍질을 제거하고 체에 밭쳐 물기를 뺀다. **2.** 끓는 물에 소금을 약간 넣은 뒤 콩나물을 넣고 3분간 데친다. **3.** 데친 콩나물을 찬물에 헹구고 체에 밭쳐 물기를 뺀다. **4.** 콩나물에 양념 재료를 넣고 고루 버무린 다음 부족한 간은 소금으로 간하여 완성한다.

tip_ 콩나물은 처음부터 뚜껑을 열어 데치거나, 뚜껑을 덮은 채 끝까지 삶아야 비린내가 나지 않아요.

03
무더위 달아난 입맛도 되찾아줄
부추오이무침

분량 3~4인분 | **조리** 15분

재료_ 오이 3개, 부추 40g, 소금 2작은술, [양념] 고춧가루 2큰술, 매실액 1/2큰술, 까나리액젓 1/2큰술, 다진 마늘 1/2큰술, 새우젓 1/2작은술, 설탕 1/2작은술, 다진 생강 1/4작은술

만드는 법_ 1. 오이의 양 끝을 살짝씩 잘라내고 길게 4등분 한 다음 3cm 길이의 막대 모양으로 썬다. **2.** 부추도 3cm 길이로 썬다. **3.** 오이에 소금 2작은술을 넣고 버무려 5분간 절인 다음 찬물에 헹구고 체에 밭쳐 물기를 뺀다. **4.** 볼에 분량의 양념 재료를 넣고 섞어 준비한다. **5.** 오이에 양념을 넣고 고루 버무린 다음 부추를 넣고 가볍게 버무려 완성한다.

tip_ 부추는 오래 버무릴수록 풋내가 날 수 있으니 마지막에 넣고 가볍게 버무려주세요.

04
겨우내 잠들었던 묵은지의 변신
묵은지들기름볶음

분량 3~4인분 | **조리** 20분

재료_ 묵은지 1/4포기(500g), 양파 1/2개, 대파 1대, 들기름 1큰술, 소금 약간, 식용유 약간 [양념] 고춧가루 1큰술, 간장 1/2큰술, 매실액 1/2큰술, 다진 마늘 1/2큰술, 설탕 1/2큰술, 통깨 1작은술

만드는 법_ 1. 묵은지는 찬물에 여러 번 헹군 뒤 찬물에 1시간 정도 담가 군내와 신맛을 뺀다. **2.** 묵은지를 건져 손으로 물기를 짠 다음 4cm 폭으로 썬다. **3.** 양파는 채 썰고 대파는 송송 썬다. **4.** 볼에 분량의 양념 재료를 넣고 섞어 준비한다. **5.** 중약불로 달군 팬에 식용유를 약간 두른 뒤 대파를 넣고 1분간 볶다가 양파를 넣고 볶는다. **6.** 양파가 투명하게 볶아지면 묵은지와 양념을 넣고 5분간 더 볶는다. **7.** 들기름을 넣고 가볍게 버무린 뒤 부족한 간은 소금으로 간하여 완성한다.

tip_ 묵은지의 신맛과 짠맛이 약간 남아있는 정도로 불려주세요.

BASIC

05
비타민 듬뿍! 소리까지 건강한
아삭이고추된장무침

분량 2~3인분 | **조리** 10분

재료_ 아삭이고추 5개 [양념] 된장 1큰술, 들기름(또는 참기름) 1/2큰술, 다진 마늘 1작은술, 올리고당 1/2작은술, 설탕 1/2작은술, 깨소금 1/2작은술

만드는 법_ 1. 아삭이고추의 꼭지를 떼고 깨끗이 씻어 1cm 폭으로 썬다. 2. 볼에 분량의 양념 재료를 넣고 섞어 준비한다. 3. 아삭이고추에 양념을 넣고 고루 버무려 완성한다.

tip_ 미리 만들어 두면 물이 생길 수 있으니 먹기 직전 버무리는 것이 좋아요.

06
탱글탱글 쫄깃한 식감
새송이버섯볶음

분량 2~3인분 | **조리** 20분

재료_ 새송이버섯 2개, 양파 1/8개, 당근 1/8개, 마늘 2쪽, 들기름(또는 참기름) 1/2큰술, 국간장 1작은술, 소금 약간, 후춧가루 약간, 식용유 약간

만드는 법_ 1. 새송이버섯은 길이 방향으로 3등분 한 다음 가로로 반을 자르고 납작하게 썬다. 2. 양파와 당근은 채 썰고 마늘은 편 썬다. 3. 중불로 달군 팬에 식용유를 약간 두른 뒤 마늘을 넣고 볶다가 양파, 당근을 넣고 1분간 볶는다. 4. 새송이버섯, 국간장을 넣고 센불로 올려 2~3분간 볶는다. 5. 버섯이 노릇하게 익으면 들기름을 두르고 소금, 후춧가루로 간하여 완성한다.

tip_ 버섯을 넣은 후에는 볶는 동안 물이 생길 수 있으니 센불로 올려 볶아주세요.

07
자꾸만 손이 가는 매일 반찬
깻잎장아찌

분량 50장 | **조리** 25분

재료_ 깻잎 50장, 홍고추 1개 [절임물] 다시마 우린 물 1컵, 간장 3큰술, 국간장 1큰술, 다진 마늘 1큰술, 까나리액젓 1/2큰술, 맛술 1/2큰술, 설탕 1/2큰술, 고춧가루 1/2큰술, 통깨 1/2큰술, 다진 생강 1/2작은술, 소금 약간

만드는 법_ 1. 깻잎은 줄기를 1~2cm 정도 남기고 잘라낸 뒤 깨끗이 씻은 다음 15~20장씩 모아 잡아 물기를 털어준다. 손질한 만큼씩 엇갈려 내열용기에 담는다. 2. 홍고추는 길게 반으로 갈라 씨를 제거한 뒤 잘게 다진다. 3. 냄비에 분량의 절임물 재료를 넣고 3분간 끓여 설탕이 녹으면 불을 끄고 다진 홍고추를 넣는다. 4. 깻잎에 뜨거운 절임물을 부은 뒤 깻잎이 완전히 잠기도록 묵직한 그릇으로 눌러준다. 5. 뚜껑을 닫아 냉장고에서 1일 정도 숙성시킨다.

tip_ 냉장 보관하여 1주일 이내에 먹는 것이 좋아요. 절임물만 따라내어 한소끔 끓인 뒤 완전히 식혀 깻잎에 다시 부으면 1개월 정도 보관할 수 있어요.

08
매콤새콤 국민반찬
무생채

분량 2~3인분 | **조리** 20분

재료_ 무 1/6개(250g), 쪽파 1~2대, 고춧가루 1/2큰술, 매실액 1작은술, 까나리액젓 1/2작은술, 다진 마늘 1/2작은술, 통깨 1/2작은술 [무 절이기] 식초 1/2큰술, 소금 1/2큰술, 설탕 1/2큰술

만드는 법_ 1. 무는 껍질을 벗긴 뒤 결방향으로 길게 채 썬다. 2. 채 썬 무에 식초, 소금, 설탕을 넣고 버무려 10분 정도 절인 다음 손으로 물기를 짠다. 3. 쪽파는 4cm 길이로 썬다. 4. 절인 무에 고춧가루를 먼저 넣고 버무려 색을 입힌다. 5. 빨갛게 물들면 쪽파, 까나리액젓, 매실액, 다진 마늘, 통깨를 넣고 버무려 완성한다.

tip_ 무를 나물로 활용할 때에는 매운맛이 적고 단맛이 나는 윗부분(연초록색)을 사용하는 것이 좋아요.

tip_ 무를 절일 때 식초를 약간 넣어주면 무 특유의 아린 맛을 줄일 수 있어요.

23

한 그릇과 함께 2

후다닥 더하는 간단 국

● 멸치다시마육수 만들기 page 14

01
담백하고 부드러운
달걀국

분량 2~3인분 | **조리** 25분

재료_ 달걀 2개, 양파 1/2개, 대파 1/2대, 국간장 2/3큰술, 맛술 1큰술, 다진 마늘 1작은술, 소금 약간, 후춧가루 약간, 멸치다시마육수(또는 물) 5컵

만드는 법_ 1. 달걀에 맛술 1큰술과 소금 약간을 넣고 잘 풀어둔다. **2.** 양파는 채 썰고 대파는 송송 썬다. **3.** 냄비에 육수를 넣고 중불에서 끓여 끓기 시작하면 다진 마늘, 국간장, 양파를 넣고 2~3분간 끓인다. **4.** 중약불로 줄여 달걀물을 원을 그리듯 둘러 넣은 다음 젓지 않고 30초간 끓인다. **5.** 대파를 넣고 30초간 더 끓인 다음 소금, 후춧가루로 간하여 완성한다.

tip_ 달걀물을 넣고 젓지 않아야 국물을 깔끔하게 끓일 수 있어요.

02
구수하고 속이 편안한
마른새우배추된장국

분량 2~3인분 | **조리** 25분

재료_ 배추 200g, 마른 새우 15g, 두부 1/3모(100g), 홍고추 1/2개, 대파 1대, 된장 2큰술, 국간장 1큰술, 다진 마늘 1/2큰술, 소금 약간, 멸치다시마육수(또는 물) 7컵

만드는 법_ 1. 배추는 길게 반으로 자른 뒤 1~2cm 폭으로 썬다. **2.** 대파와 홍고추는 어슷 썰고 두부는 2cm 크기로 네모지게 썬다. **3.** 마른 새우는 키친타월로 감싸 가볍게 비벼 수염과 가시를 제거한다. **4.** 냄비에 육수를 넣고 된장을 풀어 놓은 뒤 건새우를 넣고 센불에서 끓인다. **5.** 끓기 시작하면 중불로 줄여 배추, 두부, 국간장, 다진 마늘을 넣고 2~3분간 더 끓인다. **6.** 대파와 홍고추를 넣고 한소끔 더 끓인 뒤 부족한 간은 소금으로 간하여 완성한다.

03
맑고 개운한
오징어맑은국

분량 2~3인분 | **조리** 25분

재료_ 오징어 1마리, 무 1/8개(200g), 대파 1대, 청양고추 1/2개, 홍고추 1개, 국간장 1큰술, 참기름 1/2큰술, 다진 마늘 1/2큰술, 소금 약간, 멸치다시마육수(또는 물) 5컵

만드는 법_ 1. 오징어는 내장을 제거한 뒤 깨끗이 씻어 먹기 좋은 크기로 썬다. **2.** 무는 가로, 세로 3cm 크기로 납작하게 썬다. **3.** 대파와 청양고추, 홍고추는 어슷 썬다. **4.** 중불로 달군 냄비에 참기름을 두른 뒤 무를 넣고 1분간 볶은 다음 멸치다시마육수를 넣고 센불에서 끓인다. **5.** 끓기 시작하면 오징어, 대파, 청양고추, 홍고추, 국간장, 다진 마늘을 넣고 3분간 더 끓인다. **6.** 부족한 간은 소금으로 간하여 완성한다.

tip_ 오징어는 몸통의 가로방향으로 길게 썰어야 익은 후 돌돌 말리지 않아요.

04
시원하고 칼칼한
콩나물국

분량 2~3인분 | **조리** 20분

재료_ 콩나물 200g, 대파 1/2대, 홍고추 1/2개, 국간장 1/2큰술 다진 마늘 1/2큰술, 새우젓 1/2큰술(또는 소금 1/2작은술), 멸치다시마육수(또는 물) 7컵

만드는 법_ 1. 콩나물은 깨끗이 씻어 체에 밭쳐 물기를 뺀다. **2.** 대파와 홍고추는 어슷 썬다. **3.** 냄비에 육수를 넣고 센불로 올린 뒤 끓어오르면 콩나물을 넣고 3분간 끓인다. **4.** 대파, 홍고추, 국간장, 다진 마늘을 넣고 1분간 더 끓인다. **5.** 새우젓으로 간하여 완성한다.

tip_ 콩나물을 삶는 중간에 뚜껑을 닫으면 비린내가 날 수 있으니 주의하세요.

한 그릇과 함께

새콤달콤 수제 피클

01
피클 좀 더 주세요~
레스토랑피클

분량 약 1.5L | **조리** 25분 | **숙성** 1~2일 | **보관** 냉장 1개월

재료_ 무 1/5개(200g), 당근 1/3개, 청오이 1개, 콜리플라워 1/4개 [피클액] 물 3컵(600ml), 식초 2컵(400ml), 설탕 1.5컵(300ml), 레몬슬라이스 3장, 월계수잎 1장, 바질가루 1/2작은술, 소금 1/4작은술

만드는 법_ 1. 무와 당근은 두께 1cm, 길이 3cm의 막대 모양으로 썬다. **2.** 오이는 길게 반으로 잘라 숟가락을 이용해 씨를 긁어낸 다음 어슷 썬다. **3.** 콜리플라워는 먹기 좋은 크기로 잘라 준비한다. **4.** 냄비에 식초를 제외한 피클액 재료를 넣고 저어준 다음 중불에서 5분간 끓인다. **5.** 설탕과 소금이 녹으면 불을 끈 뒤 식초를 넣고 섞어준다. **6.** 열탕 소독한 용기에 무, 오이, 당근, 콜리플라워, 레몬슬라이스를 차곡히 담고 뜨거운 피클액을 붓는다. **7.** 피클액이 완전히 식으면 뚜껑을 닫고 실온에서 1~2일간 숙성시킨 뒤 냉장 보관한다.

02
매콤 새콤, 고기와도 찰떡궁합
연근피클

분량 약 1L | **조리** 30분 | **숙성** 1일 | **보관** 냉장 1개월

재료_ 연근 300g, 건고추 2개, 통후추 5알 [연근 데치기] 물 3컵, 식초 1/2큰술 [피클액] 식초 1.5컵(300ml), 설탕 3/4컵(150ml), 물 1/2컵(100ml), 소금 2작은술

만드는 법_ 1. 필러로 연근 껍질을 벗긴 뒤 0.3cm 두께로 둥글게 썬다. **2.** 건고추는 2cm 폭으로 자른다. **3.** 끓는 물(3컵)에 식초(1/2큰술)를 넣은 뒤 연근을 넣고 1분간 데친 다음 찬물에 헹구고 물기를 뺀다. **4.** 냄비에 피클액 재료를 넣고 저어준 뒤 중불에서 3분간 끓인 다음 설탕이 녹으면 불을 끈다. **5.** 열탕소독한 용기에 연근, 건고추, 통후추를 담은 뒤 절임물을 붓는다. **6.** 피클액이 완전히 식으면 뚜껑을 닫고 냉장 보관하여 1일 정도 숙성시킨다.

tip_ 연근을 데칠 때 식초를 약간 넣어주면 갈변을 막고 특유의 아린 맛을 제거할 수 있어요.

03
고운 자색 빛
적양파피클

분량 약 750ml | **조리** 25분 | **숙성** 1~2일 | **보관** 냉장 1개월

재료_ 적양파 2개, 레몬 1/2개 [피클액] 물 1컵(200ml), 화이트와인식초 1/2컵(100ml), 설탕 3.5큰술, 소금 2/3작은술, 통후추 10개, 월계수잎 2장

만드는 법_ 1. 적양파는 2cm 크기로 썰거나 둥근 모양을 살려 슬라이스한다. **2.** 레몬은 부채꼴 모양으로 슬라이스한다. **3.** 냄비에 물, 화이트와인식초, 설탕, 소금, 통후추, 월계수잎을 넣고 센불에서 끓여 끓기 시작하면 불을 끈다. **4.** 열탕소독한 용기에 적양파와 레몬을 담은 뒤 피클액을 붓고 가볍게 저어준다. **5.** 피클액이 완전히 식으면 뚜껑을 닫고 실온에서 1~2일간 숙성시킨 뒤 냉장 보관한다.

04
알록달록 상큼한
방울토마토피클

분량 약 750ml | **조리** 20분 | **숙성** 2~3일 | **보관** 냉장 2주

재료_ 방울토마토 400g, 바질잎 10장 [피클액] 식초 300ml, 설탕 50g, 소금 1작은술

만드는 법_ 1. 방울토마토는 꼭지를 떼어낸 뒤 깨끗이 씻고 키친타월을 이용해 물기를 닦아낸다. **2.** 이쑤시개를 이용해 방울토마토 껍질 여러 군데에 구멍을 낸다. **3.** 열탕소독한 유리병에 손질한 방울토마토와 바질잎을 담는다. **4.** 볼에 식초, 설탕, 소금을 넣고 설탕과 소금이 녹을 때까지 저어 피클액을 만든다. **5.** 방울토마토에 피클액을 붓고 뚜껑을 닫은 뒤 냉장고에서 2~3일간 숙성시킨다.

BASIC

한 그릇과 함께

건강한 마늘, 알뜰 활용법

01
고소하고 바삭한
마늘크루통

분량 약 1컵 | **조리** 10분 | **보관** 냉장 3일, 냉동 1개월

재료_ 식빵 1장, 마늘 3쪽, 올리브유 2.5큰술, 파슬리가루 약간

만드는 법_ 1. 식빵의 테두리를 살짝 잘라낸 뒤 1cm 정도 크기로 네모지게 썬다. 마늘은 곱게 다진다. **2.** 볼에 올리브유, 다진 마늘, 파슬리가루를 넣고 섞은 다음 식빵을 넣고 가볍게 버무린다. **3.** ① **오븐** : 180℃로 예열된 오븐에서 5분간 구운 뒤 꺼내어 고루 섞은 다음 3~5분간 더 굽는다. ② **프라이팬** : 팬에 올려 약불에서 굴려가며 노릇하게 굽는다. **4.** 밀폐용기에 담아 냉장 또는 냉동 보관한다.

tip_ 바로 다진 마늘을 사용해야 신선하고 고소한 마늘향을 살릴 수 있어요.

02
샐러드에도 덮밥에도
마늘칩

분량 약 1컵 | **조리** 25분 | **보관** 냉동 1개월

재료_ 마늘 250g(약 2컵), 식용유 약 2컵

만드는 법_ 1. 마늘은 꼭지를 도려낸 다음 깨끗이 씻어 물기를 빼고 가로방향으로 얇게 편 썬다. **2.** 편 썬 마늘을 찬물에 15분간 담가 매운맛을 뺀다. **3.** 체에 밭쳐 물기를 뺀 다음 키친타월을 이용해 남은 물기를 닦아낸다. **4.** 냄비에 식용유를 170℃ 정도로 달군 뒤 마늘을 넣고 중간중간 위아래를 섞어가며 3~4분간 튀긴다. **5.** 가장자리에 노릇하게 색이 나면 체로 건진 뒤 키친타월 위에 올려 기름기를 뺀다. **6.** 키친타월을 접어 용기 안쪽에 깔고 그 위에 완전히 식힌 마늘칩을 담은 다음 뚜껑을 닫아 냉동 보관한다.

tip_ 마늘을 가로방향으로 썰면 마늘칩의 매운맛을 고르게 낼 수 있어요.

03
마늘의 달콤한 변신
마늘잼

분량 약 400ml | **조리** 30분 | **보관** 1개월

재료_ 마늘 400g, 사과 1/2개, 설탕 1/2컵, 계피가루 약간

만드는 법_ 1. 마늘은 꼭지를 도려낸 다음 깨끗이 씻어 물기를 뺀다. **2.** 김이 오른 찜기에 면포 또는 종이호일을 깔고 마늘을 올려 20분간 찐 다음 그릇에 담고 포크로 잘게 으깬다. **3.** 사과는 껍질을 벗긴 뒤 강판에 갈아 준비한다. **4.** 냄비에 마늘, 사과, 설탕을 넣고 약불에서 저어가며 조린다. **5.** 걸쭉하게 조려지면 불을 끈 뒤 계피가루를 약간 넣고 저어준다. **6.** 열탕소독한 밀폐용기에 담고 완전히 식으면 뚜껑을 닫아 냉장 보관한다.

tip_ 사과는 갈변을 방지하기 위해 조리기 직전에 갈아주세요.
tip_ 전자레인지로 마늘 찌기 : 내열 그릇에 마늘과 물 약간을 넣고 랩을 씌운 뒤 전자레인지에서 5분간 익혀 사용하세요.

04
볶음 요리에 제격
마늘기름 활용하기

\# 마늘칩을 만들고 남은 기름을 냉장실에 보관해 두었다가 볶음, 구이 요리에 활용해보세요. 마늘의 풍미가 그대로 녹아 있어 음식의 맛을 더욱 살려줍니다.
\# 완전히 식힌 뒤 밀폐용기에 담아 냉장 보관하고 1주일 이내에 사용하세요.

후다닥 소소한

아침 한 그릇 20

—

001	단호박에그샌드위치	32		011	명란두부덮밥	52
002	달걀샌드위치	34		012	치즈베이컨볶음밥	54
003	프렌치토스트	36		013	오야코동	56
004	길거리토스트	38		014	양배추소시지덮밥	58
005	식빵달걀빵	40		015	새우볶음밥	60
006	단호박수프	42		016	우주선김치볶음밥	62
007	닭고기감자수프	44		017	마늘종명란볶음밥	64
008	고구마프리타타	46		018	불고기케일비빔밥	66
009	두부스팸덮밥	48		019	양배추참치볶음밥	68
010	어묵부추덮밥	50		020	노른자장비빔밥	70

001 단호박에그샌드위치

난이도 ●○○
조리 시간 20분

바삭하게 구운 식빵 사이에 맛있게 버무린 샐러드를 푸짐하게 채워 한 입 베어 물면 단호박의 달콤함과 달걀의 고소함이 입안에서 사르르~. 전자레인지로 간편하게, 든든한 단호박에그샌드위치를 만들어보세요.

재료(2인분/2개)

식빵 4장
단호박 1/2개(500g)
삶은 달걀 2개
청상추 5~6장(선택)
마요네즈 2큰술
꿀(또는 물엿) 1/2큰술
소금 3~4꼬집
마요네즈 약간

만드는 법

1. 식빵은 앞뒤로 노릇하게 구운 뒤 식힘망에 올려 한 김 식힌다.
2. 단호박의 씨를 긁어내고 위아래 꼭지를 잘라낸 뒤 2cm 폭으로 길게 토막낸다.
3. 넓은 전자레인지용 그릇에 단호박을 담고 랩을 씌운다. 이쑤시개로 몇 군데 구멍을 뚫은 다음 전자레인지에서 9분간 익힌다.
4. 삶은 달걀은 포크로 으깨거나 칼로 잘게 다진다.
   ㄴ (달걀 삶기) 달걀이 80% 잠길 정도의 물을 붓고 중불에서 12~13분 정도 삶아주세요.
5. 단호박을 꺼내어 포크로 곱게 으깬 뒤 달걀, 마요네즈, 꿀, 소금을 넣고 버무린다.
   ㄴ 단호박 껍질에는 영양이 풍부해 껍질째 요리하는 것이 좋아요.
6. 식빵 4장의 한쪽 면에 각각 마요네즈를 얇게 펴 바른다.
   ㄴ 빵 안쪽에 마요네즈를 바르면 빵이 쉽게 눅눅해지지 않아요.
7. 식빵 2장 위에 청상추와 샐러드를 올리고 남은 식빵으로 덮어 가볍게 눌러준다.
8. 먹기 좋은 크기로 썬 뒤 그릇에 담아 완성한다.

002
달걀샌드위치

난이도 ●○○   조리 시간 15분

재료(2인분/2개)
식빵 4장
삶은 달걀 5개
사과 1/4개
양파 작은 것 1/4개(큰 것 1/5개)
마요네즈 3큰술
설탕 1작은술
소금 1/3작은술
후춧가루 약간

만드는 법

1 식빵은 2장씩 겹쳐 테두리를 얇게 잘라낸다.
2 삶은 달걀은 포크로 으깨거나 칼로 잘게 다진다.
   └ (달걀 삶기) 달걀이 80% 잠길 정도의 물을 붓고 중불에서 12~13분 정도 삶아주세요.
3 사과는 잘게 썰고 양파는 곱게 다진다.
   └ 사과 대신 오이, 슬라이스햄, 피클 등 다양한 재료를 활용해도 좋아요.
4 달걀에 사과, 양파, 마요네즈, 설탕, 소금, 후춧가루를 넣고 고루 버무린다.
   └ 소금 양을 가감하여 간을 조절하세요.
5 식빵 2장에 달걀샐러드를 듬뿍 올린 뒤 나머지 식빵으로 덮어 살짝 눌러준다.
6 먹기 좋은 크기로 썰고 그릇에 담아 완성한다.

달걀만큼 든든하고 영양까지 알찬 재료가 또 있을까요?
탱글하게 삶은 달걀에 고소한 마요네즈와
아삭한 사과를 더해 맛있고 건강한 샌드위치를 만들어보세요.
촉촉한 달걀샐러드 속 달콤하게 번지는 사과향이 산뜻한 아침을 열어줍니다.

영상 QR코드
자세한 요리 영상과 함께
더욱 쉽게 요리해보세요.

003

프렌치토스트

난이도 ●○○
조리 시간 15분

새하얀 식빵을 달걀물에 퐁당! 노란빛 고운 옷을 촉촉이 입혀 노릇하게 구우면, 겉은 쫄깃 속은 촉촉~! 색감에 한 번 맛에 두 번 반하는 근사한 프렌치토스트가 완성됩니다. 입안 가득 촉촉한 즐거움이 넘치는 행복한 아침 식탁을 완성해보세요.

재료(2인분/4개)

식빵 4개
달걀 2개
우유 1/3컵
밀가루 2.5큰술
설탕 2.5큰술
소금 1/8작은술
바닐라에센스 1/4작은술(선택)
시나몬 파우더 약간(선택)
식용유 약간

토핑(선택)
버터, 메이플 시럽, 과일 등

만드는 법

1 볼에 밀가루, 설탕, 소금, 시나몬 파우더를 넣고 고루 섞는다.
2 다른 볼에 달걀과 바닐라에센스를 넣고 거품기로 잘 풀어준다.
  ┗ 바닐라에센스는 달걀의 냄새를 잡아주고 향미를 더해줘요.
3 ①에 우유를 넣고 거품기로 섞은 다음 달걀물을 넣고 고루 섞는다.
  ┗ 우유를 먼저 넣고 섞은 뒤 달걀물을 넣어야 멍울이 생기지 않아요.
4 식빵을 달걀물에 담가 앞뒤로 20초 정도씩 적신다.
5 중약불로 달군 팬에 식용유를 약간 두른 뒤 식빵을 올려 앞뒤를 노릇하게 굽는다.
6 토스트를 접시에 담고 버터, 메이플 시럽, 과일 등을 곁들여 완성한다.

영상 QR코드
자세한 요리 영상과 함께
더욱 쉽게 요리해보세요.

004
길거리토스트

난이도 ●○○　　조리 시간 20분

재료(2인분/2개)
식빵 4장
달걀 4개
양파 1/4개
당근 1/6개
양배추 3장(50g)
슬라이스햄 4장
소금 약간
식용유 약간
버터 1큰술(선택)

토핑
토마토케첩 3큰술
마요네즈 1.5큰술
설탕 1작은술(선택)

만드는 법

1. 양파, 당근, 양배추, 슬라이스햄은 곱게 채 썬다.
2. 달걀에 소금을 약간 넣고 풀어 준 다음 채 썬 재료를 넣고 고루 섞는다.
3. 식빵은 토스트기에 굽거나, 약불로 달군 팬에 버터를 약간씩 넣어 녹인 뒤 앞뒤로 노릇하게 구워 한 김 식힌다.
4. 중약불로 달군 팬에 식용유를 넉넉히 두른 다음 달걀물을 붓고 앞뒤로 3~4분씩 노릇하게 부친다.
5. 달걀부침을 도마에 올려 4등분 한다.
6. 식빵 2장에 달걀부침을 2장씩 올리고 케첩과 마요네즈를 2:1비율로 뿌린다. 그 위에 설탕을 약간씩 뿌린다.
7. 남은 식빵 2장으로 덮고 먹기 좋은 크기로 썰어 완성한다.

❷

❹

❺

❻

출근길, 학원 앞. 맛은 물론 구경하는 재미까지 쏠쏠했던 추억의 길거리토스트.
마가린을 사르르 녹여 바삭하게 구운 식빵에 도톰한 달걀부침을 무심하게 얹고
케첩, 마요네즈를 지그재그로 넉넉히 뿌린 뒤 달콤한 설탕을 솔솔~.
군침 흘리며 기다리던 그때를 떠올리며 오늘은 직접 만든 길거리토스트, 어떠세요?

005

식빵달걀빵

난이도 ●○○
조리 시간 15분

모락모락~ 후후 불며 먹는 재미가 있는 달걀빵! 전자레인지로 간편하게 귀여운 달걀빵을 만들어보세요. 머그컵에 차곡차곡 채워 전자레인지에서 3분이면 완성! 출근길 간편한 한 끼로도, 아이들과 함께 만드는 영양 간식으로도 좋아요.

재료(2인분/2개)

식빵 2개
달걀 2개
슬라이스햄 2장
피자치즈 1/4컵
올리브유 약간
파슬리가루 약간(선택)

만드는 법

1 식빵은 가장자리를 얇게 잘라내고 테두리 4면의 중심에 각각 2cm 정도 깊이로 칼집을 넣는다. 슬라이스햄도 같은 위치에 칼집을 넣는다.
2 붓 또는 키친타월에 올리브유를 약간 적셔 컵 안쪽에 고루 바른다.
3 컵 안쪽에 식빵을 담아 모양을 잡고 그 위에 슬라이스햄을 한장씩 올린다.
4 가운데에 달걀을 하나씩 깨어 넣은 뒤 이쑤시개로 노른자에 구멍을 한 번씩 내어준 다음 피자치즈를 약간씩 올린다.
  ┗ 달걀노른자는 전자레인지에 넣기 전 구멍을 꼭 내주어야 터지지 않아요.
5 컵에 랩을 씌운 뒤 윗면에 이쑤시개로 구멍을 2~3군데씩 낸 다음 전자레인지에 넣고 3분간 익혀 완성한다.
  ┗ 1개는 3분, 2개는 3분 30초 정도 돌려주세요.

 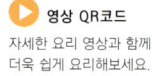
자세한 요리 영상과 함께
더욱 쉽게 요리해보세요.

006

단호박수프

난이도 ●●○
조리 시간 25분

따사로운 햇살이 비치는 아침, 영화 속 한 장면처럼 따뜻한 수프 한 그릇으로 힐링해보는 건 어떨까요? 고운 노란빛에 한 번, 부드러운 달콤함에 한 번 더 반하는 단호박수프. 바쁜 일상에 쉼표가 되어 줄 힐링수프랍니다.

재료(2인분)

단호박 1개(1kg)
양파 1/2개
버터 1큰술
물 250ml
우유 2컵
생크림 1/2컵
소금 1/2작은술
후춧가루 약간

선택

월계수잎 1장
크루통 약간

● 마늘크루통 만들기
  page 28

만드는 법

1 단호박을 전자레인지에 넣고 3분간 돌려 익힌 다음 반으로 자르고 숟가락을 이용해 씨를 긁어낸다.
  └ 전자레인지에 단호박을 살짝 돌리면 단단한 단호박을 쉽게 자를 수 있어요.
2 단호박을 길게 12등분한 뒤 용기에 담고 전자레인지에 넣어 5분간 더 돌린다.
3 ②를 꺼내어 한 김 식힌 다음 껍질을 벗기고 큼직하게 썬다. 양파는 굵게 채 썬다.
  └ 껍질 바로 아랫부분에 칼을 대고 살살 밀어 벗겨주세요.
4 중불로 달군 팬에 버터를 녹인 다음 양파를 넣고 3분간 볶는다.
5 양파가 투명해지면 단호박을 넣고 3분간 볶은 다음 물과 월계수잎을 넣고 센불로 올려 5분 정도 끓인다.
6 단호박이 완전히 익으면 불을 끄고 월계수잎을 건져낸 뒤 우유 2컵을 넣고 섞어 온도를 낮춘 다음 믹서에 담아 곱게 간다.
  └ 월계수잎을 반드시 건져내고 갈아주세요.
7 ⑥을 다시 팬에 붓고 중불에서 5분간 끓인 다음 생크림을 넣고 저어가며 1~2분간 더 끓인 뒤 소금, 후춧가루로 간한다.

007

닭고기감자수프

폭신한 감자와 담백한 닭가슴살에 고소한 우유를 더해 닭고기감자수프를 끓여보세요. 닭고기의 쫄깃한 식감과 입안 가득 부드럽게 밀려오는 고소함이 몸과 마음을 따뜻하게 녹여줄 거예요. 찰떡궁합 크루통을 올려 바삭하게 부서지는 고소함까지 즐겨보세요.

난이도 ●●○
조리 시간 25분

재료(2인분)

닭가슴살 2장
감자 2개(400g/작은 것 3개)
대파 1대(10cm)
우유 500ml
버터 10g
파마산치즈가루 1.5큰술
소금 1/3작은술
후춧가루 약간

닭고기 밑간

화이트와인(또는 청주) 1큰술
후춧가루 약간술

선택

월계수잎 2장
크루통 약간

● 마늘크루통 만들기
  page 28

만드는 법

1 감자는 껍질을 벗겨 4~6등분 한 다음 전자레인지용 그릇에 담고 랩을 씌운다.
2 이쑤시개로 랩에 몇 군데 구멍을 뚫고 전자레인지에 넣어 7분간 익힌다.
3 익힌 감자를 꺼내어 포크로 곱게 으깨고, 양파와 대파는 잘게 썬다.
4 닭가슴살은 반으로 포를 뜬 뒤 1cm 크기로 작게 썰고 화이트와인, 후춧가루로 밑간한다.
5 중불로 달군 팬에 버터를 녹인 뒤 양파와 대파를 넣고 3분간 볶는다.
6 양파와 대파가 노릇하게 볶아지면 닭고기를 넣고 2분간 더 볶는다.
  └ 바닥이 눌어붙지 않도록 중간중간 바닥을 저어가며 끓여주세요.
7 으깬 감자, 우유, 월계수잎을 넣고 7분간 끓인다.
8 파마산치즈가루를 넓게 흩뿌려 넣고 고루 저은 뒤 소금, 후춧가루로 간하여 완성한다.

008
고구마프리타타

2인분   난이도 ●●○   조리 시간 20분

고구마 2개(300g)
양파 1/4개
베이컨 2장
버터 1큰술

달걀물
달걀 3개
우유 3큰술
파마산치즈가루 1큰술
소금 1/4작은술
후춧가루 약간

선택(토핑)
구운 베이컨조각 약간
파슬리가루 약간

만드는 법

1. 고구마는 껍질을 벗긴 뒤 0.3cm 두께로 둥글납작하게 썬다.
2. 고구마를 그릇에 담고 랩을 씌워 전자레인지에서 2분간 돌려 익힌다.
3. 양파는 채 썰고 베이컨은 1cm 폭으로 썬다.
4. 달걀에 우유, 파마산치즈가루, 소금, 후춧가루를 넣고 섞어 준비한다.
5. 중불로 달군 팬에 버터를 녹인 뒤 양파와 베이컨을 넣고 2분간 볶는다.
6. 익힌 고구마를 넣고 버무린 뒤 달걀물을 붓고 3분간 익힌다.
7. 가장자리가 익기 시작하면 약불로 줄이고 뚜껑을 덮어 5~7분간 더 익힌 뒤 불을 끈다.
   └ 약한 불을 유지하여 천천히 익혀야 바닥면이 타지 않아요.
8. 베이컨조각과 파슬리가루를 약간씩 뿌려 완성한다.

이탈리아식 오믈렛 프리타타에 고구마의 달콤함을 퐁당~
여유로운 아침의 든든한 브런치로도, 아이들을 위한 건강 간식으로도 좋아요.
가족 또는 연인과 함께 달달한 한 끼를 즐겨보세요.

영상 QR코드
자세한 요리 영상과 함께 더욱 쉽게 요리해보세요.

009 두부스팸덮밥

변신의 귀재 두부가 밥도둑 스팸을 만나 맛있는 덮밥으로 변신했어요. 쫄깃한 새송이버섯과 촉촉한 달걀까지 더해져 맛과 식감, 그리고 영양까지 알차게. 입안에서 데굴데굴~ 씹는 재미가 있는 두부스팸덮밥은 어른, 아이 입맛 모두 사로잡는 한 그릇이랍니다.

난이도 ●○○   조리 시간 20분

영상 QR코드
자세한 요리 영상과 함께 더욱 쉽게 요리해보세요.

재료(2인분)
밥 2공기(400g)
두부 1모(320g)
스팸 1/2캔(100g)
새송이버섯 1개(100g)
달걀 2개
물 2/3컵(150ml)
식용유 약간

양념
간장 1.5큰술
맛술 1큰술
참기름 1/2큰술
설탕 1/2작은술
후춧가루 약간

만드는 법

1 두부는 1.5cm 크기로 네모지게 썰고 새송이버섯도 같은 크기로 썬다.
2 스팸은 0.5cm 크기로 작게 썬다. 달걀은 볼에 가볍게 풀어 준비한다.
3 다른 볼에 분량의 양념 재료를 넣고 섞어 준비한다.
4 중불로 달군 팬에 식용유를 약간 두른 뒤 스팸과 새송이버섯을 넣고 2분간 볶은 다음 두부, 물, 양념을 넣고 약불로 줄여 7분간 조린다.
 ┖ 두부에 간이 고루 배도록 중간중간 위아래를 가볍게 섞어주세요.
5 소스가 자작하게 졸아들면 달걀물을 고루 두른 뒤 그대로 30초간 더 익힌다.
6 가볍게 저어준 다음 불을 끄고 밥 위에 덮밥소스를 올려 완성한다.

BREAKFAST

010

어묵부추덮밥

난이도 ●○○
조리 시간 20분

매콤한 어묵볶음을 근사한 덮밥으로 활용해보세요. 야들야들 고소한 어묵에 고추장 양념이 촉촉이 스며들어 매콤 달달한 풍미가 한가득, 부추의 향긋함과 깻잎의 깔끔한 마무리가 조화로운 삼중주를 이룹니다.

재료(2인분)
밥 2공기(400g)
어묵 3장(150g)
부추 50g
양파 1/2개
깻잎 4장
다진 마늘 1큰술
식용유 약간
참기름 1작은술
후춧가루 약간

양념
물 4큰술
고추장 1큰술
간장 1/2큰술
물엿 2작은술

만드는 법

1 어묵은 뜨거운 물에 가볍게 헹구어 기름기를 제거한 뒤 찬물에 헹구고 먹기 좋은 크기로 채 썬다.
2 부추는 3cm 길이로 썰고 양파는 채 썬다. 깻잎은 반으로 길게 자른 뒤 채 썬다.
3 볼에 분량의 양념 재료를 넣고 섞어 준비한다.
  └ 물 이외의 재료를 먼저 섞은 뒤 마지막에 물을 넣어주면 양념을 쉽게 풀 수 있어요.
4 중불로 달군 팬에 식용유를 약간 두른 뒤 다진 마늘을 넣고 볶다가 마늘이 노릇하게 볶아지면 양파와 어묵을 넣고 2분간 더 볶는다.
5 양념을 넣고 고루 버무린 뒤 양념이 자작하게 졸아들면 불을 끈다.
6 부추, 깻잎, 참기름, 후춧가루를 넣고 가볍게 버무린 다음 밥 위에 볶은 재료를 올려 완성한다.

영상 QR코드
자세한 요리 영상과 함께
더욱 쉽게 요리해보세요.

011

명란두부덮밥

일본 드라마 '하나씨의 간단 요리' 속 정말 쉬운 그 요리 명란두부덮밥. 따끈한 밥 위에 연두부와 명란, 그리고 버터 한 조각을 올려 전자레인지에서 30초. 여기에 가쓰오부시와 쪽파, 양념간장을 곁들이면 고소함이 촉촉이 터지는 별미 한 그릇이 완성됩니다. 따뜻한 명란두부덮밥으로 일상 속 소소한 행복을 찾아보세요.

난이도 ●○○
조리 시간 10분

재료(2인분)
밥 2공기(400g)
연두부 1팩(250g)
명란젓 1개
버터 2조각(5g*2)
가쓰오부시 약간
참기름 약간
통깨 약간
송송 썬 쪽파 약간(선택)

양념간장
간장 1큰술
맛술 1/2큰술
설탕 1/2작은술

만드는 법

1 명란젓에 길게 칼집을 넣은 다음 칼등으로 긁어 막을 제거하고 알을 발라낸다.
2 볼에 연두부와 참기름 약간, 통깨 약간을 넣고 연두부를 가볍게 으깨며 버무린다.
3 다른 볼에 분량의 양념간장 재료를 넣고 섞어 준비한다.
4 밥 위에 연두부와 명란을 올린 뒤 버터 조각을 올린다.
5 전자레인지에 넣고 버터가 약간 녹을 정도로 30초~1분 정도 돌린다.
6 가쓰오부시를 올린 뒤 송송 썬 쪽파를 뿌리고 양념간장을 곁들여 완성한다.
  ㄴ 양념간장을 조금씩 더하며 간을 조절하세요.

 영상 QR코드
자세한 요리 영상과 함께
더욱 쉽게 요리해보세요.

012

치즈베이컨볶음밥

난이도 ●○○
조리 시간 15분

김이 모락 따끈한 볶음밥 위에 노란 치즈 한 장 올려 사르르~ 짭조름 베이컨과 고소한 치즈 한 장이면 많은 재료 없이도 고소하고 풍미가 가득한 볶음밥 한 그릇을 즐길 수 있어요.

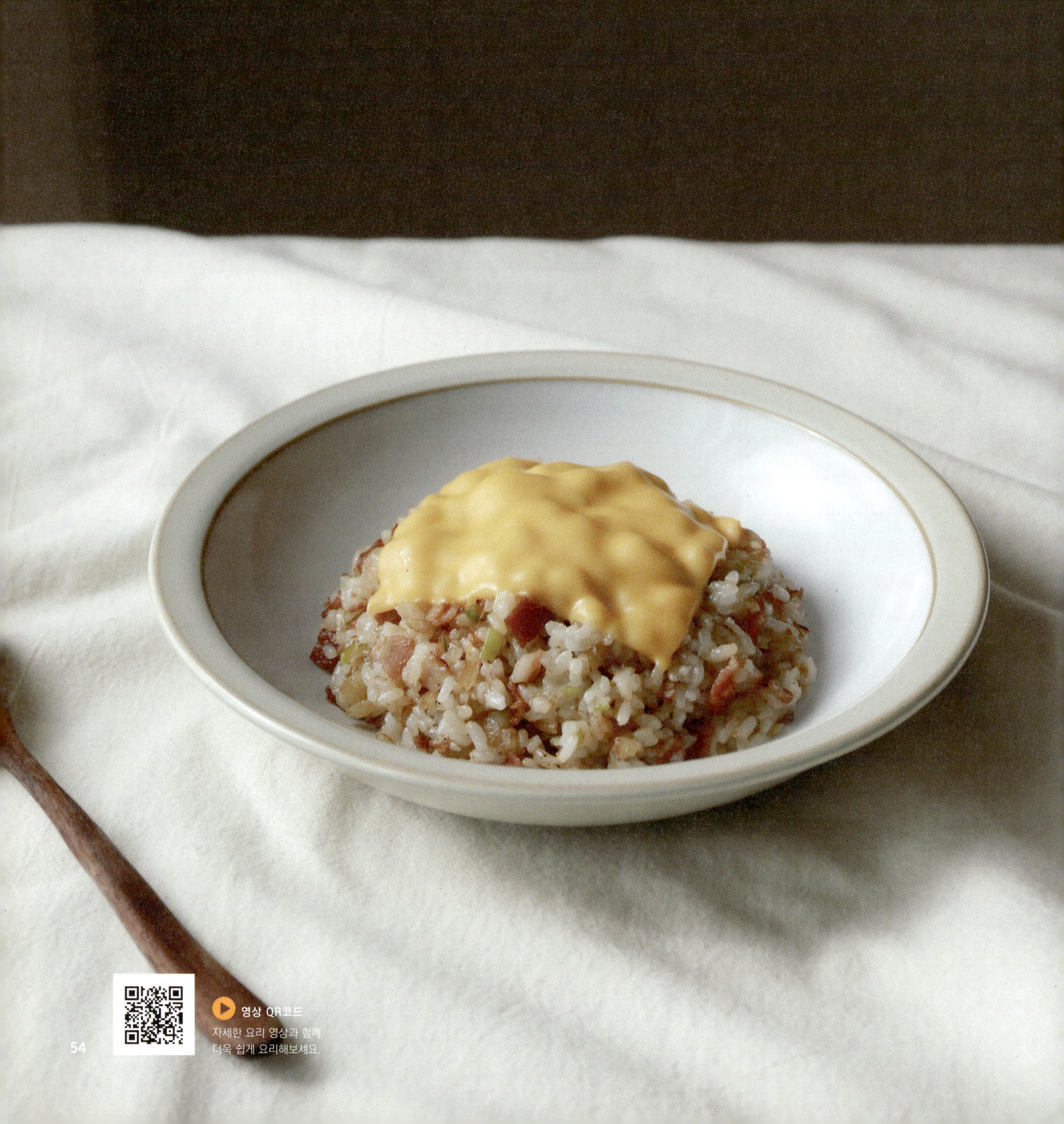

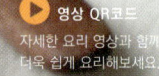

재료(2인분)
밥 2공기(400g)
베이컨 4장
슬라이스치즈 2장
양파 1/2개
대파 1대(10cm) 또는 쪽파 2줄기
다진 마늘 1작은술
굴소스 1작은술
간장 1작은술
소금 약간
후춧가루 약간
식용유 약간

만드는 법

1 베이컨과 양파는 잘게 썰고 대파는 굵게 다진다.
2 중불로 달군 팬에 식용유를 약간 두른 뒤 다진 마늘을 넣어 볶다가 양파, 대파, 베이컨을 넣고 2~3분간 볶는다.
3 밥을 넣고 자르듯이 섞어 준 다음 굴소스와 간장을 넣고 1분간 더 볶는다.
  └ 간장이 타지 않도록 간장을 넣은 후 바로 버무려주세요.
4 소금, 후춧가루로 간한 뒤 불을 끈다.
5 볶음밥을 그릇에 담고 슬라이스치즈를 올려 완성한다.

BREAKFAST

013

오야코동

간장소스가 촉촉이 배어든 닭고기와 달걀이 따끈한 밥 위에 살포시 앉았어요. 일본의 대표 가정식 덮밥 오야코동(닭고기달걀덮밥)은 닭고기의 담백한 풍미와 달걀의 촉촉한 매력을 그대로 살린 덮밥이랍니다.

난이도 ●○○
조리 시간 15분

재료(2인분)

밥 2공기(200g)
닭다리살(또는 닭가슴살) 200g
달걀 4개
양파 1/2개
대파 1대(10cm) 또는 쪽파 2줄기
식용유 약간

조림 국물

물 2/3컵
간장 3큰술
맛술 2큰술
설탕 1작은술
다시마 2장(선택)

만드는 법

1 양파는 채 썰고 대파는 잘게 썬다.
2 달걀은 볼에 깨어 젓가락으로 가볍게 풀어 준비한다.
   ㄴ 달걀을 가볍게 풀어주면 몽글몽글한 달걀의 식감을 살릴 수 있어요.
3 닭다리살은 껍질과 지방질을 제거하고 살코기만 1cm 폭으로 길게 썬다.
4 중불로 달군 팬에 식용유를 약간 두른 뒤 대파를 넣고 1분간 볶은 다음 분량의 조림 국물 재료를 넣고 끓인다.
5 끓기 시작하면 다시마를 건져낸 뒤 닭고기와 양파를 넣고 3분간 더 끓인다.
6 닭고기가 완전히 익으면 달걀물을 원을 그리며 고루 부어준 다음 반 정도만 익히고 불을 끈다.
7 그릇에 밥을 담고 덮밥 소스를 올려 완성한다.

영상 QR코드
자세한 요리 영상과 함께
더욱 쉽게 요리해보세요.

014

양배추소시지덮밥

난이도 ●○○
조리 시간 20분

시원하고 아삭한 양배추와 탱글탱글 쫄깃한 소시지의 만남! 케첩과 고추장으로 매콤 달콤하게 볶아 푸짐한 덮밥으로 즐겨보세요. 든든한 포만감과 함께 씹는 재미까지 쏠쏠해 어른, 아이 모두 좋아하는 덮밥이랍니다.

재료(2인분)

밥 2인분(400g)
양배추 7장(200g)
소시지 3개(180g)
달걀 2개
식용유 약간

양념

물 1/2컵
토마토케첩 3큰술
고추장 1큰술
간장 1큰술
다진 마늘 1큰술
설탕 1/2큰술
깨소금 1작은술
후춧가루 약간

만드는 법

1 양배추는 1cm 두께로 채 썰고 소시지는 어슷하게 썬다.
2 볼에 분량의 양념 재료를 넣고 섞어 준비한다.
3 중불로 달군 팬에 식용유를 약간 두른 뒤 달걀프라이를 부쳐 준비한다.
4 중불로 달군 팬에 식용유를 약간 두른 뒤 소시지를 넣고 1분간 볶는다.
5 양배추를 넣고 30초간 더 볶은 뒤 양념을 넣고 3~4분간 끓인 다음 양념이 자작하게 졸아들면 불을 끈다.
6 그릇에 밥을 담고 볶은 재료와 달걀프라이를 올려 완성한다.

영상 QR코드
자세한 요리 영상과 함께
더욱 쉽게 요리해보세요.

①-1

①-2

④

⑤

015 새우볶음밥

통통한 새우살에 고소한 버터, 감칠맛 가득한 굴소스로 맛을 낸 새우볶음밥. 뽀드득~ 씹는 재미가 쏠쏠한 새우볶음밥은 쉬우면서도 은근히 어려운 볶음밥 중 하나죠. 새우의 수분을 충분히 날리며 볶아 밥의 고슬함은 살리고 달걀은 촉촉이 익혀 부드러운 식감을 살리는 것이 포인트랍니다.

난이도 ●●○
조리 시간 20분

재료(2인분)

밥 2공기(400g)
냉동 새우살 1컵
달걀 3~4개
대파 2대(10cm*2)
당근 40g
버터 10g
식용유 1큰술
굴소스 1큰술
토마토케첩 1/2큰술
다진 마늘 1/2큰술
참기름 1/2큰술
깨소금 1/2큰술(선택)
소금 약간
후춧가루 약간

새우 밑간

맛술 1큰술
후춧가루 약간

만드는 법

1 새우살은 찬물에 10분간 담가 해동한 다음 물기를 빼고 맛술, 후춧가루를 뿌려 밑간한다.
2 대파와 당근은 잘게 썰고, 달걀은 소금을 약간 넣고 풀어 준비한다.
3 중불로 달군 팬에 버터(10g)를 녹인 뒤 식용유를 두르고 다진 마늘을 넣어 1분간 볶는다.
4 밑간한 새우의 물기를 충분히 제거한 뒤 대파, 당근과 함께 넣어 2분간 볶는다.
   └ 물기를 충분히 제거하고 넣어주어야 볶음밥이 질어지지 않아요.
5 새우가 완전히 익으면 밥, 굴소스, 케첩, 참기름, 깨소금을 넣고 자르듯이 섞으며 2분간 더 볶은 다음 소금, 후춧가루로 간한다.
6 밥을 팬 한쪽으로 밀어놓은 뒤 달걀물을 붓고 저어가며 익힌다.
7 달걀이 2/3정도 익으면 밥과 함께 고루 버무린 다음 불을 끈다.
   └ 달걀을 살짝 덜 익혀 마무리하면 촉촉한 식감을 살릴 수 있어요.
8 볶음밥을 그릇에 담아 완성한다.
   └ 기호에 따라 토마토케첩, 어린잎 등을 곁들여도 좋아요.

영상 QR코드
자세한 요리 영상과 함께 더욱 쉽게 요리해보세요.

016 우주선김치볶음밥

김치 송송, 스팸 송송. 맛없을 수 없는 이 조합, 스팸김치볶음밥! 이미 김볶밥의 달인이라면 오늘은 조금 특별하게 노란 달걀링을 두른 우주선김치볶음밥 어떠세요? 김치볶음밥의 매콤한 강렬함을 촉촉한 오믈렛이 부드럽게 감싸준답니다.

난이도 ●●○
조리 시간 20분

재료(2인분)

밥 2공기(400g)
배추김치 200g
(= 송송 썬 김치 1.5컵)
달걀 4개
스팸 80g
대파 1/2대(5cm)
김치 국물 1큰술
고춧가루 1작은술
굴소스 1작은술
참기름 1작은술
깨소금 1작은술
설탕 1/8작은술
소금 약간
후춧가루 약간
식용유 약간

만드는 법

1 배추김치와 스팸은 잘게 썰고 대파는 굵게 다진다. 달걀은 볼에 풀어 준비한다.
2 중불로 달군 팬에 식용유를 약간 두른 뒤 대파를 넣고 1분간 볶다가 스팸을 넣고 1분간 더 볶는다.
3 잘게 썬 김치와 고춧가루, 김치 국물, 굴소스, 설탕을 넣고 2분간 더 볶는다.
4 밥을 넣고 자르듯이 고루 볶은 뒤 참기름, 깨소금을 넣어 버무린다.
5 부족한 간은 소금, 후춧가루를 넣어 간한 다음 불을 끈다.
6 볶음밥을 1/2분량(1인분)을 밥공기에 눌러 담은 다음 작은 팬 가운데에 뒤집어 올린다.
7 ⑥의 팬을 약불로 달군 뒤 가장자리에 식용유를 약간 두르고 달걀물 1/2분량(1인분)을 붓는다.
8 달걀을 젓가락으로 저어가며 2분간 익힌 뒤 2/3 정도 익으면 불을 끈다.
  ┗ 달걀을 살짝 덜 익히면 촉촉한 식감을 함께 살릴 수 있어요.
  ┗ 기호에 따라 달걀물에 피자치즈를 곁들여도 좋아요.

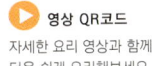
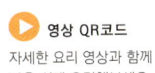 영상 QR코드
자세한 요리 영상과 함께 더욱 쉽게 요리해보세요.

> **접시에 완성하기**
> - 달걀의 양을 1개 더 늘려 달걀물을 준비한다.
> - ⑥번 과정에서 팬 위에 밥을 얹지 않고, 약불로 달군 팬에 식용유를 약간 두른 팬에 달걀물 1/2분량을 넓게 펼쳐 붓고 젓가락으로 저어가며 반 정도 익힌다.
> - 접시에 익힌 달걀을 먼저 올린 뒤 그 위에 볶음밥 1공기를 뒤집어 올려 완성한다.

BREAKFAST

영상 QR코드
자세한 요리 영상과 함께
더욱 쉽게 요리해보세요.

017 마늘종명란볶음밥

마늘의 꽃줄기인 마늘종은 마늘 못지않은 풍부한 영양에 마늘 특유의 냄새는 적고 씹을수록 달콤한 맛이 나는 매력으로 요리에 두루두루 활용하기 좋은 식재료랍니다. 달걀볶음밥에 고운 연둣빛 마늘종과 밥도둑 명란젓을 더해 영양은 기본, 고소함은 두 배로 살렸어요.

난이도 ●○○
조리 시간 20분

재료(2인분)

밥 2공기(400g)
명란젓 2개
(90~100g/작은 것 3개)
마늘종 4줄기
(또는 다진 마늘 1큰술)
팽이버섯 100g
달걀 2개
대파 2대(10cm*2)
버터 10g
깨소금 2작은술
참기름 1작은술
소금 약간
후춧가루 약간
식용유 약간

만드는 법

1 명란젓에 길게 칼집을 넣은 뒤 칼등으로 긁어 막을 제거하고 알을 발라낸다.
2 마늘종은 가늘게 송송 썰고 대파는 잘게 썬다. 팽이버섯은 밑동을 잘라낸 뒤 1cm 폭으로 썬다.
3 밥에 달걀을 깨어 넣고 가볍게 섞어 준비한다.
  ㄴ 밥과 달걀을 미리 섞어주면 밥알이 달걀코팅이 되어 고슬고슬하게 볶을 수 있어요.
4 중불로 달군 팬에 버터를 녹인 뒤 식용유를 약간 두른 다음 마늘종과 대파를 넣고 1분간 볶다가 밥, 명란젓, 팽이버섯을 넣고 2분간 더 볶는다.
  ㄴ 버터를 약간 넣어주면 고소한 풍미와 함께 고슬고슬한 식감을 살릴 수 있어요.
5 참기름, 깨소금을 넣고 가볍게 버무린 다음 소금, 후춧가루로 간하고 불을 끈다.
  ㄴ 명란젓의 크기에 따라 간이 다를 수 있으니 소금을 가감하여 간을 조절하세요.
6 볶음밥을 그릇에 담아 완성한다.

018 불고기케일비빔밥

매콤한 비빔밥 한 그릇이 당기는 날. 소고기와 케일로 맛있고 간편한 비빔밥을 만들어보세요. 황금비율 양념에 밑간해 달달 볶은 소고기와 복잡한 나물 필요 없이 신선한 케일을 잘게 송송. 여기에 반숙프라이와 고추장 양념장을 살포시 얹어 마무리하면 눈도 입도 즐거운 건강 비빔밥이 완성됩니다.

난이도 ●○○
조리 시간 20분

재료(2인분)
밥 2공기(400g)
다진 소고기 150g
케일 12장(80g)
달걀 2개
대파 1대(10cm)
식용유 약간

소고기 밑간
간장 2작은술
맛술 2작은술
다진 마늘 2작은술
참기름 2작은술
깨소금 2작은술
설탕 1작은술
후춧가루 약간

고추장 양념장
고추장 4큰술
참기름 2큰술
깨소금 2작은술
설탕 1작은술

만드는 법
1. 넓은 볼에 분량의 소고기 밑간 재료를 먼저 넣고 섞은 뒤 다진 소고기를 넣고 버무려 밑간한다.
2. 케일은 줄기를 잘라낸 뒤 1cm 정도 크기로 썰고 대파는 잘게 썬다.
3. 볼에 분량의 고추장양념장 재료를 넣고 섞어 준비한다.
4. 중불로 달군 팬에 식용유를 약간 두른 뒤 달걀프라이를 부치고 그릇에 덜어 둔다.
5. 중불로 달군 팬에 식용유를 약간 두른 뒤 밑간한 소고기를 넣고 볶는다.
6. 소고기가 완전히 익으면 대파를 넣고 살짝 더 볶아 익힌 뒤 불을 끈다.
7. 밥 위에 케일과 볶은 소고기, 달걀프라이를 올리고 양념장을 곁들여 완성한다.
   └ 양념장의 양을 가감하여 간을 조절하세요.

 영상 QR코드
자세한 요리 영상과 함께
더욱 쉽게 요리해보세요.

019 양배추참치볶음밥

속이 편안한 한 그릇이 필요한 아침. 소화를 돕는 아삭한 양배추와 피로 회복에 좋은 쫄깃한 참치로 고슬고슬 담백한 볶음밥을 만들어보세요. 맛과 영양은 기본, 아삭아삭 쫄깃하게 씹는 재미가 쏠쏠~ 온 가족 입맛을 사로잡는 일석삼조 건강 볶음밥이랍니다.

난이도 ●○○
조리 시간 20분

재료(2인분)
밥 2공기(400g)
참치 1캔(150g)
양배추 150g
달걀 2개
대파 1대(10cm)
식용유 약간

양념
다진 마늘 2작은술
간장 1작은술
굴소스 1작은술
참기름 1작은술
깨소금 1작은술
후춧가루 약간

만드는 법

1. 참치는 체에 밭쳐 기름기를 뺀다. 양배추는 가늘게 채 썰고 대파는 송송 썬다.
   ┗ 기름기를 충분히 제거하고 사용해야 눅눅하지 않고 고슬하게 볶을 수 있어요.
2. 달걀은 볼에 깨어 가볍게 풀어 준비하고, 다른 볼에 분량의 양념 재료를 넣고 섞어 준비한다.
3. 중불로 달군 팬에 식용유를 약간 두른 뒤 대파를 넣고 1분간 볶는다.
4. 참치와 양배추를 넣고 1분간 더 볶은 뒤 양념을 넣고 고루 버무린다.
5. 밥을 넣고 자르듯이 2분간 더 볶은 뒤 밥을 가장자리로 밀어놓고 가운데에 달걀물을 부어 그대로 30초간 익힌다.
6. 젓가락으로 달걀을 저어가며 반 정도 익힌 다음 밥과 함께 고루 버무린다.
   ┗ 달걀을 살짝 덜 익히면 촉촉한 식감을 함께 살릴 수 있어요.
7. 불을 끄고 볶음밥을 그릇에 담아 완성한다.

영상 QR코드
자세한 요리 영상과 함께
더욱 쉽게 요리해보세요.

020

노른자장비빔밥

전날 밤 10분이면 준비 끝! 다음날 아침 눈을 뜨면 동글동글 귀여운 밥도둑이 완성돼요. 따끈한 밥 위에 살포시 얹어 맛있게 쓱쓱~ 먹을수록 매력이 넘치는 간편 비빔밥이랍니다. 낫토, 쪽파, 김, 버터 등 기호에 따라 다양한 재료를 활용해 나만의 레시피를 만들어보세요.

난이도 ●○○
조리 시간 5분 · 냉장 숙성 1일
보관 2~3일

노른자장 재료(3~4인분)
신선한 달걀 6개
간장 1/2컵
맛술 1/2컵

....

비빔밥 재료(2인분)
밥 2공기(400g)
노른자장 2개

곁들임(선택)
낫토,
송송 썬 쪽파,
김채,
버터 등

만드는 법

1. 달걀을 깨어 노른자만 분리해 밀폐 용기에 담는다.
   ∟ 달걀이 서로 겹쳐지지 않도록 바닥이 넓은 용기를 사용하세요.
2. 간장과 맛술을 섞어 노른자가 담긴 용기에 천천히 붓는다.
3. 뚜껑을 닫아 6시간 냉장 숙성시킨다.
   ∟ 오래 재울수록 단단해지기 때문에 먹을 만큼만 만들어 먹는 것이 좋아요.
4. 밥 위에 노른자장을 올려 담백하게 즐기거나 기호에 따라 다양한 토핑(낫토, 김채, 송송 썬 쪽파, 버터 등)을 더해 완성한다.

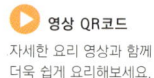
영상 QR코드
자세한 요리 영상과 함께
더욱 쉽게 요리해보세요.

후다닥 든든한

저녁 한 그릇 30

021	대패삼겹살볶음덮밥	74		036	마늘카레덮밥	104
022	텐신항	76		037	오코노미야키덮밥	106
023	데리야끼치킨덮밥	78		038	스팸짜장덮밥	108
024	오징어볶음덮밥	80		039	마늘감자조림덮밥	110
025	참치김치덮밥	82		040	두부장비빔밥	112
026	베이컨숙주덮밥	84		041	두부청경채덮밥	114
027	닭갈비덮밥	86		042	김치콩나물국밥	116
028	새우브로콜리잡채덮밥	88		043	어묵비빔국수	118
029	돼지고기미나리덮밥	90		044	양배추볶음라면	120
030	불고기깍두기볶음밥	92		045	찜닭볶음면	122
031	닭고기조림덮밥	94		046	불고기크림파스타	124
032	고추참치달걀덮밥	96		047	명란크림파스타	126
033	오므라이스	98		048	깻잎페스토참치스파게티	128
034	마파가지덮밥	100		049	감자들깨칼국수	130
035	목살김치덮밥	102		050	김치수제비	132

021 대패삼겹살볶음덮밥

난이도 ●●○
조리 시간 20분

대패로 민 듯 돌돌 말린 대패삼겹살은 냉동해두어도 해동이 쉽고 간이 쏙쏙 배어 부담 없이 바로바로 요리하기 좋은 식재료예요. 특히 찰떡궁합 숙주와 함께 볶으면 개운한 맛이 더해져 삼겹살의 느끼함까지 잡아준답니다.

재료(2인분)

밥 2공기(400g)
대패삼겹살 250g
숙주 100g
양파 1/2개
대파 1/2대(5cm)
청양고추 1개
식용유 약간

양념

고추장 1.5큰술
간장 1.5큰술
청주 1.5큰술
참기름 1큰술
고춧가루 1/2큰술
설탕 1/2큰술
물엿 1/2큰술
다진 마늘 1/2큰술
깨소금 1/2큰술
다진 생강 1/3작은술(선택)
후춧가루 약간

만드는 법

1. 대패삼겹살은 반 정도 크기로 썰고 숙주는 깨끗이 씻어 물기를 뺀다.
2. 양파는 채 썰고 청양고추는 송송 썬다. 대파는 굵게 다진다.
   ┗ 청양고추의 양을 가감하여 매운맛을 조절하세요.
3. 넓은 볼에 분량의 양념 재료를 먼저 넣고 섞은 뒤 대패삼겹살과 양파를 넣고 고루 버무린다.
4. 중불로 달군 팬에 식용유를 약간 두른 뒤 다진 대파를 넣고 1분간 볶다가 양념한 고기를 넣고 3분간 더 볶는다.
5. 고기가 완전히 익으면 숙주와 청양고추를 넣고 센불로 올려 30초간 재빨리 볶은 다음 불을 끈다.
   ┗ 숙주의 식감을 살릴 수 있도록 센불에서 단시간에 볶아 아삭하게 익혀주세요.
6. 밥 위에 볶은 재료를 올려 완성한다.

영상 QR코드
자세한 요리 영상과 함께
더욱 쉽게 요리해보세요.

022

텐신항

텐신항(天津飯)은 대표적인 일본식 중화요리 중 하나로 중국식 달걀부침을 밥 위에 얹고 전분물로 걸쭉하게 만든 간장소스를 끼얹어 먹는 요리랍니다. 야들야들 고소한 크래미와 함께 입안에서 살살 녹는 달걀부침과 달달하고 새콤한 간장소스로 특히 아이들에게 인기 만점인 덮밥이에요.

난이도 ●●○
조리 시간 20분

재료(2인분)
밥 2공기(400g)
달걀 4개
크래미 6개(100g)
소금 약간
식용유 약간

소스
물 1컵
간장 1.5큰술
식초 1.5큰술
맛술 1.5큰술
설탕 1.5큰술
굴소스 1작은술
다시마 1장(선택)

녹말물
감자전분 1.5큰술
물 1.5큰술

만드는 법

1 달걀에 소금을 약간 넣고 풀어준 뒤 크래미를 잘게 찢어 넣고 고루 섞어준다.
2 볼에 분량의 녹말물 재료를 넣고 섞어 준비한다.
3 냄비에 소스 재료를 넣고 저어준 뒤 중불에서 끓여 끓기 시작하면 다시마를 건져내고 중약불로 줄여 3분간 더 끓인다.
　└ 다시마의 깔끔한 감칠맛 성분만 우러나도록 육수가 끓기 시작하면 건져내주세요.
4 녹말물을 약간씩 넣어가며 농도를 걸쭉하게 맞춘 뒤 불을 끈다.
　└ 녹말물을 넣고 빠르게 저어주어야 멍울이 생기지 않아요.
5 중불로 달군 팬에 식용유를 약간 두른 뒤 달걀물 1/2분량(1인분씩)을 부어 30초간 익힌 다음 바닥이 익기 시작하면 젓가락으로 저어가며 익힌다.
6 달걀이 반 정도 익으면 중약불로 줄인 뒤 그대로 2/3 정도 익히고 불을 끈다.
　└ 달걀을 살짝 덜 익혀주어야 촉촉하고 부드러운 식감을 살릴 수 있어요.
7 밥공기에 밥(1인분)을 담아 접시에 뒤집어 올린 뒤 밥 위에 익힌 달걀을 올린다.
8 소스를 살짝 데워 달걀 위에 끼얹어 완성한다.

023

난이도 ●●○
조리 시간 25분

데리야끼치킨덮밥

달달 짭조름 데리야끼치킨이 밥 위에 듬뿍! 노릇하게 구운 닭다리살을 간장소스에 은은하게 조려 겉은 바삭, 속은 촉촉~ 고소한 닭 육즙이 그대로 살아 있어요. 전자레인지로 단숨에 만드는 반숙 달걀을 올려 고소한 풍미까지 더해보세요.

영상 QR코드
자세한 요리 영상과 함께
더욱 쉽게 요리해보세요.

재료(2인분)

밥 2공기(400g)
닭다리살 2장(300g)
쪽파 2줄기
식용유 약간

반숙 달걀

달걀 2개
물 4큰술
이쑤시개 1개

데리야끼 소스

간장 2큰술
맛술 2큰술
청주 2큰술
설탕 1/2큰술
후춧가루 약간

만드는 법

1 닭다리살은 포크를 이용해 앞뒤로 고루 구멍을 내어준 다음 하얀 지방질을 제거하고 한 입 크기로 썬다.
2 쪽파는 송송 썬다. 볼에 분량의 데리야끼 소스 재료를 넣고 섞어 준비한다.
3 (반숙 달걀) 2개의 볼에 달걀을 1개씩 깨어 넣은 뒤 이쑤시개로 노른자에 구멍을 2~3번씩 낸다. 물을 2큰술씩 부어준 뒤 전자레인지에서 30초~1분 정도 돌려 반숙으로 익힌다.
ㄴ 노른자에 구멍을 내어주어야 익히는 동안 터지지 않아요.
4 중불로 달군 팬에 식용유를 약간 두른 뒤 닭고기의 껍질쪽이 아래로 가도록 올려 노릇하게 구운 다음 뒤집어 1분간 더 굽는다.
5 키친타월로 흘러나온 기름기를 닦아낸 뒤 껍질이 아래로 가도록 다시 뒤집어주고 약불로 줄인 뒤 뚜껑을 덮어 5분간 더 익힌다.
ㄴ 뚜껑을 덮어 팬 안의 열기로 고기를 안쪽까지 부드럽게 익힙니다.
6 껍질이 금빛으로 바삭하게 익으면 한 번 더 뒤집은 다음 소스를 붓고 소스를 끼얹어 가면서 5분간 조린다.
7 소스가 자작하게 졸아들면 불을 끈 뒤 밥 위에 조린 닭고기를 올린다.
8 팬에 남은 소스를 닭고기에 끼얹은 뒤 반숙 달걀과 쪽파를 올려 완성한다.

024

오징어볶음덮밥

난이도 ●●○
조리 시간 20분

싱싱한 오징어와 황금비율 고추장 양념이면 윤기가 자르르 흐르는 매콤 촉촉한 오징어덮밥 만들기 어렵지 않아요. 센불에서 단시간에 볶아 채소의 아삭함은 살리고 오징어는 질겨지지 않게 조리하는 것이 포인트랍니다.

재료(2인분)

밥 2공기(400g)
오징어 1마리
양배추 2장
양파 1/2개
홍고추 1개(선택)
대파 1대
식용유 1큰술
소금 약간
후춧가루 약간

양념

고추장 2큰술
다진 마늘 1큰술
청주 1큰술
물엿 1큰술
고춧가루 1작은술
간장 1작은술
참기름 1작은술
깨소금 1작은술

만드는 법

1 오징어는 내장과 이빨을 제거한 뒤 흐르는 물에 깨끗이 씻는다.
2 오징어 몸통은 링모양으로 둥글게 썰고 다리는 4cm 길이로 썬다.
3 양파는 굵게 채 썰고 양배추는 1cm 두께로 썬다. 홍고추와 대파는 어슷 썬다.
4 볼에 분량의 양념 재료를 넣고 섞어 준비한다.
5 센불로 달군 팬에 식용유를 두른 뒤 양파와 양배추를 넣고 1분간 볶는다.
  └ 센불에서 재빨리 볶아야 채소에서 수분이 빠져나오지 않아요.
6 오징어와 양념장을 넣고 1분 더 볶는다.
  └ 오징어를 너무 오래 볶으면 질겨질 수 있으니 주의하세요.
7 홍고추와 대파를 넣고 살짝 더 볶은 뒤 소금, 후춧가루로 간하고 불을 끈다.
8 밥 위에 오징어볶음을 올려 완성한다.

영상 QR코드
자세한 요리 영상과 함께
더욱 쉽게 요리해보세요.

025

참치김치덮밥

난이도 ●○○
조리 시간 20분

매콤한 덮밥 한 그릇이 당기는 날. 실패 없는 이 조합, 김치와 참치로 쉽고 알찬 덮밥을 만들어보세요. 반숙으로 익힌 달걀프라이까지 살포시 얹으면 요리가 두려운 요알못도 특급 셰프가 되는 초간단 별식이랍니다.

재료(2인분)

밥 2공기(400g)
참치 1캔(150g)
김치 200g
달걀 2개
양파 1/2개
대파 2대(10cm*2)
다진 마늘 2큰술
식용유 약간

양념

물 5큰술
고추장 2작은술
맛술 2작은술
고춧가루 1작은술
간장 1작은술
참기름 1작은술
후춧가루 약간

만드는 법

1 참치는 숟가락을 이용해 기름기를 충분히 제거한다.
2 양파는 채 썰고 대파는 송송 썬다. 김치는 1cm 폭으로 썬다.
3 볼에 분량의 양념 재료를 넣고 섞어 준비한다.
  └ 양념이 잘 풀어지도록 물 이외의 재료를 먼저 섞은 뒤 마지막에 물을 넣어주세요.
4 중불로 달군 팬에 식용유를 약간 두른 뒤 달걀프라이를 부치고 그릇에 덜어둔다.
5 중불로 달군 팬에 식용유를 약간 두른 뒤 다진 마늘을 넣고 볶다가 대파를 넣고 1분간 더 볶는다.
6 양파와 김치를 넣고 2분간 더 볶은 뒤 양념을 넣고 끓인다.
  └ 신 김치는 설탕을 약간, 덜 익은 김치는 식초를 약간 추가하면 좋아요.
7 소스가 자작하게 줄어들면 참치를 넣고 가볍게 버무린 다음 불을 끈다.
8 밥 위에 덮밥소스를 얹은 뒤 달걀프라이를 올려 완성한다.

026

베이컨숙주덮밥

난이도 ●○○
조리 시간 20분

마성의 식재료 베이컨에 싱싱한 숙주와 매콤한 청양고추 넣어 센불에서 후루룩~. 상상만으로도 침샘 자극, 아삭하고 쫄깃한 베이컨숙주덮밥입니다. 밥 없이 담으면 간단한 안주로도 활용할 수 있어요.

재료(2인분)

밥 2공기(400g)
베이컨 6장
숙주 200g
대파 1대(10cm)
양파 1/2개
청양고추 1개
다진 마늘 1큰술
참기름 1/2큰술
식용유 약간

양념

물 6큰술
간장 1큰술
굴소스 2작은술
맛술 2작은술
설탕 1작은술
후춧가루 약간

만드는 법

1 양파는 채 썰고 대파와 청양고추는 송송 썬다.
2 베이컨은 1cm 폭으로 썰고 숙주는 깨끗이 씻어 물기를 뺀다.
3 볼에 분량의 양념 재료를 넣고 섞어 준비한다.
4 중불로 달군 팬에 식용유를 약간 두른 뒤 다진 마늘, 양파, 대파, 베이컨을 넣고 2분간 볶은 다음 양념과 청양고추를 넣고 5분간 조린다.
  └ 소스에 재료의 맛이 번져 나오도록 5분 정도 조려줍니다.
5 양념이 거의 졸아들면 센불로 올린 뒤 숙주와 참기름을 넣고 숙주의 숨이 죽을 정도로만 살짝 볶는다.
  └ 숙주를 센불에서 살짝만 볶아주어야 아삭한 식감을 살릴 수 있어요.
6 불을 끄고 밥 위에 볶은 재료를 올려 완성한다.

027 닭갈비덮밥

난이도 ●●○
조리 시간 25분

닭다리살을 가장 맛있게 즐기는 방법, 춘천닭갈비! 보기만 해도 군침 가득 새빨~간 닭갈비를 간편한 덮밥요리로 만들어보세요. 쫄깃한 닭다리살과 아삭한 양배추, 향긋한 깻잎으로 풍성한 식감과 함께 균형 있는 영양까지 모두 담았습니다.

재료(2인분)

밥 2공기(400g)
닭다리살 3~4장(350g)
양배추 200g
양파 1개
대파 2대(10cm*2)
깻잎 16장
식용유 약간

닭고기 밑간

맛술 2큰술
소금 약간
후춧가루 약간

양념

고춧가루 2.5큰술
간장 2큰술
다진 마늘 2큰술
고추장 1큰술
참기름 1큰술
설탕 2작은술
깨소금 1작은술

만드는 법

1 닭다리살은 껍질을 벗기고 지방질을 잘라낸 뒤 1cm 폭으로 썬다.
2 손질한 닭다리에 분량의 밑간 재료를 넣고 버무려 밑간한다.
3 양배추는 1cm 폭으로 썰고 양파는 채 썬다. 대파는 송송 썬다.
4 깻잎은 반으로 길게 자른 다음 1cm 폭으로 썬다.
5 볼에 분량의 양념 재료를 넣고 섞어 준비한다.
6 중불로 달군 팬에 식용유를 약간 두른 뒤 대파를 넣고 1분간 볶는다.
7 닭고기와 양파를 넣고 센불로 올려 2분간 더 볶은 다음 닭고기가 반 정도 익으면 중불로 줄이고 양배추, 양념을 넣어 2분간 더 볶는다.
8 마지막에 깻잎을 넣고 가볍게 버무린 뒤 불을 끄고 밥 위에 볶은 재료를 얹어 완성한다.

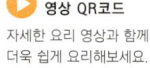
영상 QR코드
자세한 요리 영상과 함께
더욱 쉽게 요리해보세요.

028

난이도 ●●○
조리 시간 25분

새우브로콜리잡채덮밥

탱글한 당면과 쫄깃한 새우, 그리고 비타민, 식이섬유가 풍부한 슈퍼푸드 브로콜리를 더해 균형 있는 영양까지! 새우브로콜리잡채덮밥으로 온가족 입맛과 건강을 모두 잡아보세요.

영상 QR코드
자세한 요리 영상과 함께
더욱 쉽게 요리해보세요.

재료(2인분)

밥 2공기(400g)
냉동 새우살 1.5컵(150g)
양파 1/2개
당근 1/8개
브로콜리 1/4개(100g)
자른 당면 1줌(70g)
물 1.5컵(300ml)
간장 4큰술
맛술 2큰술
다진 마늘 1큰술
설탕 2작은술
참기름 1/2큰술
깨소금 1/2큰술
소금 약간
후춧가루 약간
식용유 약간

새우 밑간
맛술 1큰술
소금 약간

녹말물
감자전분 2큰술
물 2큰술

만드는 법

1. 새우는 찬물에 10분 정도 담가 해동한 뒤 맛술과 소금을 뿌려 밑간한다.
2. 양파와 당근은 채 썰고, 브로콜리는 2cm 크기 정도로 작게 썬다.
   ┗ 줄기 부분도 작게 썰어 함께 사용하세요.
3. 볼에 감자전분과 물을 섞어 녹말물을 만든다.
4. 끓는 물(센불)에 당면을 넣고 10분간 삶은 다음 체에 받쳐 물기를 뺀다.
   ┗ 불려 둔 당면을 사용할 경우에는 끓는 물에 3분간 삶아 사용하세요.
5. 중불로 달군 팬에 식용유를 약간 두른 뒤 다진 마늘을 넣고 볶다가 마늘이 노릇하게 볶아지면 양파, 당근, 새우를 넣고 1분간 볶는다.
6. 물, 간장, 맛술, 설탕을 넣고 센불로 올려 2분간 끓인다.
7. 브로콜리와 당면을 넣고 1분간 끓인 뒤 녹말물을 넣어 걸쭉하게 농도를 맞춘다.
   ┗ 녹말물을 넣고 빠르게 저어주어야 멍울이 생기지 않아요.
8. 참기름, 깨소금을 넣고 소금, 후춧가루로 간한 뒤 가볍게 버무리고 불을 끈다.
9. 밥 위에 덮밥소스를 얹어 완성한다.

029

돼지고기미나리덮밥

봄이 제철인 향긋한 미나리는 특히 봄철 황사와 미세먼지 해독에 좋은 식재료랍니다. 미나리는 몸속 중금속의 배출을 도와 혈관을 맑게 하고, 미세먼지로 약해진 호흡기의 회복을 돕는 효능이 있어요. 미나리를 듬뿍 넣은 향긋한 돼지고기미나리덮밥으로 천연 해독 밥상을 차려보세요.

난이도 ●●○
조리 시간 25분

재료(2인분)
밥 2공기(400g)
채 썬 돼지고기 200g
미나리 60g(약 14줄기)
양파 1/2개
마늘 5쪽
청양고추 1개
깻잎 2~3장
참기름 1/2큰술
깨소금 1/2큰술
식용유 약간
물 1.5컵(300ml)

돼지고기 밑간
맛술 2큰술
소금 약간
후춧가루 약간

양념
맛술 2큰술
간장 1.5큰술
된장 1큰술
설탕 1작은술

녹말물
감자전분 1큰술
물 1큰술

만드는 법

1 돼지고기는 밑간 재료를 넣고 버무려 밑간한다.
2 미나리는 1cm 길이로 잘게 썬다. 양파는 채 썰고 마늘은 편 썬다.
3 청양고추는 송송 썰고 깻잎은 돌돌 말아 곱게 채 썬다.
4 볼 2개에 각각 양념 재료와 녹말물 재료를 넣고 섞어 준비한다.
5 중불로 달군 팬에 식용유를 약간 두른 뒤 마늘을 넣고 볶다가 마늘이 노릇하게 볶아지면 양파와 돼지고기를 넣고 볶는다.
6 돼지고기 겉면이 익으면 양념과 물을 넣고 2분간 끓인 뒤 청양고추를 넣어 버무리고 녹말물을 넣어 걸쭉하게 농도를 맞춘다.
  ㄴ 녹말물을 넣고 빠르게 저어주어야 멍울이 생기지 않아요.
7 미나리, 참기름, 깨소금을 넣고 가볍게 버무린 뒤 불을 끈다.
8 밥 위에 덮밥소스를 올린 뒤 채 썬 깻잎을 올려 완성한다.

DINNER

030
불고기깍두기볶음밥

난이도 ●○○   조리 시간 25분

재료(2인분)
밥 2공기(400g)
소고기(불고기용) 150g
깍두기 150g(약 16개)
달걀 2개
대파 2대(10cm*2)
깍두기 국물 1큰술

다진 마늘 1큰술
버터 10g
고춧가루 1작은술
참기름 1작은술
깨소금 1작은술
후춧가루 약간
식용유 약간

소고기 밑간
청주 2작은술
간장 1작은술
굴소스 1작은술
(또는 간장 1작은술)
설탕 1작은술

만드는 법

1 소고기는 2cm 크기로 썬 뒤 밑간 재료를 넣고 밑간한다.
2 대파는 송송 썰고 깍두기는 1cm 크기로 썬다.
3 중불로 달군 팬에 식용유를 약간 두른 뒤 달걀프라이를 부치고 그릇에 덜어둔다.
4 중불로 달군 팬에 식용유를 약간 두른 뒤 버터를 넣어 녹인 다음 다진 마늘과 대파를 넣고 1분간 볶는다.
5 밑간한 소고기를 넣고 1분간 더 볶은 뒤 깍두기, 깍두기 국물, 고춧가루를 넣고 1분간 더 볶는다.
6 밥을 넣고 2분간 더 볶은 뒤 참기름, 깨소금, 후춧가루를 넣고 고루 버무린다.
7 밥공기에 볶음밥을 1인분씩 눌러 담은 다음 접시에 뒤집어 올리고 그 위에 달걀프라이를 올려 완성한다.

아삭아삭 새콤하게 익은 깍두기.
시큼해지고 물러지기 전 지금 딱 만들기 좋은 요리 깍두기볶음밥!
여기에 불고기를 더해 풍미도 영양도 듬뿍 담은 불고기깍두기볶음밥을
만들어보세요. 먹고 남은 불고기가 있다면 더욱 활용하기 좋은 요리랍니다.

영상 QR코드
자세한 요리 영상과 함께
더욱 쉽게 요리해보세요.

031

닭고기조림덮밥

난이도 ●●○
조리 시간 25분

간장소스가 촉촉이 배어든 향긋한 버섯과 닭다리살의 깊고 진한 맛이 차분한 가을을 떠올리게 하는 닭고기조림덮밥입니다. 닭다리살을 껍질째 구운 뒤 은은하게 조려 겉은 쫄깃, 속은 촉촉한 식감이 살아있어요.

재료(2인분)

밥 2공기(400g)
닭다리살 250g(약 3장)
표고버섯 2개
새송이버섯 1개
양파 1/2개
당근 1/8개
다시마 2장
참기름 1/2큰술
식용유 약간
소금 약간
후춧가루 약간

조림 양념

물 1.5컵
간장 2큰술
맛술 2큰술
설탕 1작은술
다진 생강 1/4작은술(선택)

만드는 법

1. 닭다리살은 가위를 이용해 하얀 지방질을 잘라낸다.
2. 표고버섯은 4등분하고 새송이버섯은 1.5cm 정도 크기로 썬다.
3. 양파는 1.5cm 정도 크기로 썰고 당근은 반달 모양으로 납작하게 썬다.
4. 볼에 분량의 조림 양념 재료를 넣고 섞어 준비한다.
5. 중불로 달군 팬에 식용유 1/2큰술과 참기름 1/2큰술을 두른 뒤 닭다리살을 올려 앞뒤를 노릇하게 구운 다음 그릇에 덜어둔다.
   └ 닭다리살을 먼저 노릇하게 구워주면 구운 풍미와 쫄깃한 식감을 더할 수 있어요.
6. 중불로 달군 팬에 식용유를 약간 두른 뒤 양파와 당근을 넣고 1분간 볶는다.
7. 표고버섯, 새송이버섯을 넣고 1분간 더 볶은 다음 구운 닭다리살과 조림 양념, 다시마를 넣고 4~5분 정도 자작하게 조린다.
   └ 간이 고루 배도록 중간중간 국물을 끼얹어가며 조려주세요.
8. 다시마를 건져내고 소금, 후춧가루로 간한 뒤 불을 끈다.
9. 닭다리살을 도마에 올려 한 입 크기로 썬 다음 밥 위에 익힌 채소와 함께 올리고 조림 양념을 끼얹어 완성한다.

032 고추참치달걀덮밥

별다른 반찬 없는 날에도 매콤한 고추참치 한 캔이면 어느새 밥 한 그릇 뚝딱. 입맛 저격 아이템 고추참치 한 캔으로 오늘은 영양까지 알찬 덮밥을 만들어보세요. 쫄깃한 참치로 매콤하게 끓여 고소한 달걀을 퐁당~ 향긋한 깻잎채까지 더하면 눈도 입도 즐거운 별미 한 그릇이 완성됩니다.

난이도 ●○○
조리 시간 20분

재료(2인분)
밥 2공기(400g)
고추참치 1캔(150g)
달걀 2개
깻잎 6장
양파 1/2개
대파 2대(10cm*2)
마늘 6쪽
(또는 다진 마늘 1/2큰술)
식용유 약간

양념
물 5큰술
고추장 2작은술
고춧가루 2작은술
간장 1작은술
참기름 1작은술
후춧가루 약간

만드는 법
1 양파는 채 썰고 대파는 송송 썬다.
2 깻잎은 길게 반으로 잘라 채 썰고 마늘은 편 썬다.
3 볼에 분량의 양념 재료를 섞어 준비한다.
  └ 양념이 잘 풀어지도록 물 이외의 재료를 먼저 섞은 뒤 마지막에 물을 넣어주세요.
4 중불로 달군 팬에 식용유를 약간 두른 뒤 마늘을 넣고 1분간 볶는다.
5 마늘이 노릇하게 볶아지면 양파, 대파를 넣고 2분간 더 볶는다.
6 고추참치와 양념을 넣고 가볍게 버무린 뒤 달걀을 깨어 넣고 그대로 3분간 익힌다.
7 달걀이 반숙으로 익으면 불을 끄고 밥 위에 깻잎과 덮밥 소스를 올려 완성한다.

033

오므라이스

난이도 ●●●
조리 시간 30분

고소하게 볶은 볶음밥을 보들보들 달걀 이불로 포근히 감싸 맛깔난 소스를 주르륵! 힐링요리의 대표주자 오므라이스 한 접시로 기분까지 사르르 녹아내리는 즐거운 식탁을 완성해보세요.

영상 QR코드
자세한 요리 영상과 함께
더욱 쉽게 요리해보세요.

재료(2인분)

밥 1.5공기(300g)
달걀 4개
햄 80g
양파 1/2개
당근 1/6개
애호박 1/6개
토마토케첩 1.5큰술
굴소스 1작은술
소금 약간
후춧가루 약간
버터 10g
참기름 약간
식용유 약간

오므라이스 소스

돈가스소스 6큰술
토마토케첩 4큰술
물엿 2큰술
물 1/3컵
우유 3큰술
다진 마늘 1/2큰술
소금 약간
후춧가루 약간

만드는 법

소스 만들기

1 중불로 달군 팬에 식용유를 약간 두른 뒤 다진 마늘을 넣고 볶는다.
2 돈가스소스, 토마토케첩, 물엿, 물, 우유를 넣고 고루 저어 5분 정도 끓인 뒤 농도가 걸쭉해지면 소금, 후춧가루로 간한다.

오므라이스 만들기

3 햄, 양파, 당근, 애호박은 잘게 다진다. 달걀은 볼에 2개(1인분)씩 깨어 소금을 약간씩 넣고 풀어 준비한다.
  └ 냉장고 속 다양한 자투리 채소를 활용해도 좋아요.
4 중불로 달군 팬에 버터를 녹이고 식용유를 약간 두른 뒤 다진 재료를 넣고 볶는다.
5 밥을 넣고 덩어리지지 않도록 나무주걱을 이용해 잘게 부수며 볶는다.
6 토마토케첩, 굴소스, 소금, 후춧가루를 넣어 간한 다음 불을 끈다.
7 약불로 달군 작은 팬에 식용유를 약간 두른 뒤 달걀물(1인분)을 넓게 펼쳐 붓는다.
8 달걀이 2/3 정도 익으면 불을 끄고 달걀 1/2 면적에 밥 1인분을 올린다.
9 반원 모양으로 접어 밥이 달걀에 전체적으로 감싸지도록 한 다음 그릇에 담고 따뜻하게 데운 소스를 끼얹어 완성한다.

034

마파가지덮밥

난이도 ●●○
준비 25분

특별한 저녁 한 그릇이 필요한 날. 보랏빛 가지의 매력을 200% 살린 마파가지덮밥을 추천합니다. 두부를 넣은 마파덮밥과는 다른 가지만의 부드럽고 쫄깃한 매력에 푹 빠져보세요.

재료(2인분)

밥 2공기(400g)
가지 2개
다진 돼지고기 150g
대파 2대(10cm*2)
양파 1/2개
감자전분 2큰술
소금 약간
식용유 약간

돼지고기 밑간

다진 마늘 1큰술
맛술 1큰술
고춧가루 2작은술
소금 약간
후춧가루 약간

양념

간장 2큰술
맛술 2큰술
된장 2작은술
설탕 1작은술
물 2/3컵(10큰술)

만드는 법

1. 가지는 꼭지를 잘라내고 길게 반으로 가른 뒤 3cm 정도 크기로 썬다.
2. 가지에 소금을 약간 뿌려 버무린 뒤 비닐백에 가지와 감자전분을 넣고 흔들어 전분옷을 입힌다.
3. 돼지고기에 분량의 밑간 재료를 넣고 버무려 밑간한다.
4. 양파와 대파는 잘게 썬다. 볼에 분량의 양념 재료를 넣고 섞어 준비한다.
5. 중약불로 달군 팬에 식용유를 넉넉히 두른 다음 가지를 올리고 굴려가며 앞뒤로 노릇하게 구운 다음 그릇에 덜어둔다.
  └ 가지를 먼저 노릇하게 구운 뒤 조리면 쫄깃한 식감을 살릴 수 있어요.
6. 중불로 달군 팬에 식용유를 약간 두른 뒤 대파를 넣고 1분간 볶다가 양파와 돼지고기를 넣고 2분간 볶는다.
7. 양념을 넣고 4분간 끓인 뒤 자작하게 졸아들면 구운 가지를 넣고 1분간 버무린다.
8. 불을 끄고 밥 위에 덮밥소스를 올려 완성한다.

영상 QR코드
자세한 요리 영상과 함께
더욱 쉽게 요리해보세요.

035 목살김치덮밥

도톰한 목살을 노릇하게 구워 마늘, 양파, 김치 넣고 상추쌈, 깻잎쌈 한입 크게 먹으면 이런 꿀맛이 또 있을까요? 이 조합 그대로 한 팬에 넣고 지글지글~ 밥 위에 소복이 올려 맛깔난 덮밥을 만들어보세요. 맛없을 수 없는 이 조합, 자꾸만 손이 가는 덮밥이랍니다.

난이도 ●○○
조리 시간 20분

재료(2인분)

밥 2공기(400g)
김치 200g
목살 3장(250g)
양파 1개
대파 1대(10cm)
마늘 6쪽
깻잎 4장
식용유 1큰술
참기름 1/2큰술
고춧가루 1.5작은술
후춧가루 약간

돼지고기 밑간

맛술 1큰술
소금 약간
후춧가루 약간

만드는 법

1 돼지고기는 지방질을 잘라내고 1cm 크기로 썬 뒤 밑간 재료를 넣고 밑간한다.
2 양파는 채 썰고 마늘은 편 썬다.
3 대파는 송송 썰고 깻잎은 길게 반으로 자른 뒤 채 썬다.
4 김치는 2cm 크기로 작게 썰어 준비한다.
5 중불로 달군 팬에 식용유를 두른 뒤 마늘을 넣고 볶다가 마늘이 노릇하게 볶아지면 밑간한 돼지고기를 넣고 1분간 볶는다.
   └ 고기의 잡내가 날아가도록 고기를 먼저 넣고 반쯤 익혀줍니다.
6 돼지고기가 반 정도 익으면 양파, 대파, 김치, 고춧가루를 넣고 2분간 더 볶는다.
7 고기가 완전히 익으면 깻잎, 참기름, 후춧가루를 넣고 가볍게 버무린 뒤 불을 끈다.
8 밥 위에 덮밥소스를 올려 완성한다.

면역력 으뜸 재료 통마늘을 활용해 맛있고 건강한 카레덮밥을 만들어보세요. 마늘향이 고소하게 우러난 올리브유에 각종 채소 넣고 달달 볶아 카레와 함께 보글보글~ 고소하고 부드럽게 씹히는 마늘이 고기 없이도 풍미 가득한 카레를 완성해줍니다.

036
마늘카레덮밥

난이도 ●○○   조리 시간 25분

재료(2인분)
밥 2공기(400g)
통마늘 20개
양파 1/2개

감자 1개
당근 1/4개
애호박 1/3개
올리브유 1큰술

양념
카레가루 6큰술
물 500~600ml

만드는 법

1 마늘은 꼭지를 도려내고 감자, 양파, 당근, 애호박은 마늘과 비슷한 크기로 썬다.
2 중불로 달군 팬에 올리브유를 두른 뒤 마늘을 넣어 노릇하게 볶는다.
  └ 올리브유에 마늘향이 배어 나오도록 마늘을 먼저 넣고 볶아줍니다.
3 양파, 감자, 당근, 애호박을 넣고 2분간 볶은 뒤 물을 붓고 센불에서 끓인다.
4 끓기 시작하면 중불로 줄여 5분간 더 끓인다.
5 감자가 익으면 카레가루를 넣고 고루 섞는다.
  └ 바닥이 눌어붙지 않도록 저어가며 끓여주세요.
    └ 농도가 너무 되직할 경우 물을 약간 넣어 농도를 맞춰주세요.
6 그릇에 밥을 담고 카레를 올려 완성한다.

 영상 QR코드
자세한 요리 영상과 함께
더욱 쉽게 요리해보세요.

037

오코노미야키덮밥

난이도 ●●○
조리 시간 25분

오코노미야키는 시원한 맥주 안주로도 근사하지만 일본에서는 든든한 한 그릇 덮밥으로도 즐겨 먹는답니다. 양배추, 베이컨, 새우를 듬뿍 넣어 바삭하게 구운 오코노미야키에 돈가스소스와 마요네즈를 솔솔~ 살랑살랑 춤추는 가쓰오부시를 올려 마무리하면 자꾸만 찾게 될 중독 덮밥 한 그릇이 완성됩니다.

영상 QR코드
자세한 요리 영상과 함께
더욱 쉽게 요리해보세요.

재료(2인분)
밥 2공기(400g)
양배추 120g
베이컨 5장(100g)
냉동 새우살 2/3컵(80g)
밀가루 8큰술
다시마 우린 물 4큰술
(또는 물)
달걀 1개
식용유 약간

토핑
가쓰오부시,
돈가스소스,
마요네즈,
김가루 약간씩

만드는 법

1 새우는 찬물에 10분 정도 담가 해동한 뒤 손으로 물기를 꼭 짠다.
2 양배추는 가늘게 채 썰고 베이컨은 1cm 폭으로 썬다.
   └ 양배추잎을 4~5장씩 겹쳐 나누어 썰면 가늘게 채 썰기에 더욱 수월해요.
3 볼에 밀가루, 다시마 우린 물, 달걀을 넣고 거품기로 풀어준 뒤 양배추, 베이컨, 새우를 넣고 고루 섞는다.
   └ 다시마 우린 물은 미지근한 물 1컵에 다시마 1장을 넣고 30분 정도 우려 사용하세요.
4 중불로 달군 팬에 식용유를 약간 두른 뒤 반죽 1/2 분량(1인분)을 펼쳐 올린다.
5 중약불로 줄여 5분간 노릇하게 굽고 뒤집어 기름을 약간 더 두른 뒤 5분간 더 굽는다.
6 밥 위에 구운 오코노미야키를 올리고 돈가스소스와 마요네즈를 약간씩 뿌린다.
   └ 소스를 비닐백에 담고 한쪽 끝을 가위로 살짝 잘라 짤주머니로 활용하면 소스를 가늘고 고르게 뿌릴 수 있어요.
7 그 위에 김가루와 가쓰오부시를 약간씩 올려 완성한다.

DINNER

038 스팸짜장덮밥

짜장라면만큼 쉽고 간단한 짜장덮밥을 소개합니다. 돼지고기와 춘장 없이도, 불 앞에 오래 서 있지 않아도 윤기가 자르르~ 푸짐한 짜장덮밥 한 그릇 완성! 스팸과 짜장가루로 풍미는 그대로, 양파와 양배추를 푸짐하게 넣어 달콤 아삭한 식감은 제대로 살렸답니다.

난이도 ●○○
조리 시간 15분

재료(2인분)

밥 2공기(400g)
스팸 100g
양배추 5장(150g)
양파 1/4개
대파 1대(10cm)
물 1컵
짜장가루 2큰술
다진 마늘 1큰술
다진 청양고추 2작은술(선택)
후춧가루 약간
식용유 약간

만드는 법

1 스팸은 가로, 세로 1.5cm 크기로 네모지게 썬다.
2 양배추와 양파도 스팸과 같은 크기로 썰고 대파는 송송 썬다.
3 볼에 짜장가루와 물을 넣고 풀어 준비한다.
4 약불로 달군 팬에 식용유를 약간 두른 뒤 다진 마늘과 다진 청양고추를 넣고 1분간 볶는다.
  ┗ 청양고추의 양을 가감하여 매운맛을 조절하세요.
5 중불로 올려 스팸, 양배추, 양파, 대파를 넣고 3분간 노릇하게 볶는다.
6 짜장물을 붓고 5분 정도 조린 뒤 후춧가루를 약간 넣어 간하고 불을 끈다.
7 밥 위에 짜장소스를 올려 완성한다.
  ┗ 기호에 따라 청양고추, 채 썬 오이, 깻잎 등을 곁들여도 좋아요.

①

②

⑤

⑥

영상 QR코드
자세한 요리 영상과 함께
더욱 쉽게 요리해보세요.

109

039 마늘감자조림덮밥

고추장 양념이 쏙쏙 밴 포근한 감자조림에 알싸한 통마늘을 더해 맛도 영양도 알차게 채웠어요. 감자조림 속 부드럽게 익은 통마늘이 고소하게 톡톡 터지며 즐거운 묘미를 더해줍니다.

난이도 ●○○
조리 시간 25분

재료(2인분)
밥 2공기(400g)
감자 2개(350g/큰 것 1.5개)
마늘 12쪽
양파 1/2개
대파 1대(10cm)
물 2컵(400ml)
식용유 약간
참기름 1/2큰술
후춧가루 약간

양념
고추장 1큰술
간장 1큰술
맛술 1큰술
고춧가루 2작은술
설탕 1작은술
멸치액젓 1작은술

만드는 법
1 감자는 껍질을 벗겨 1cm 크기로 썬 뒤 찬물에 5~10분 정도 담가 전분기를 뺀다.
  └ 감자의 전분기를 빼고 사용해야 조리는 동안 쉽게 부서지지 않아요.
2 양파는 감자와 같은 크기로 썰고 대파는 송송 썬다.
3 볼에 분량의 양념 재료를 넣고 섞어 준비한다.
4 중불로 달군 팬에 식용유를 약간 두른 뒤 마늘을 넣고 1분간 볶는다.
5 대파, 양파, 감자를 넣고 2분간 더 볶은 뒤 물과 양념을 넣고 센불로 올려 10분간 조린다.
  └ 감자를 조리기 전 기름에 살짝 볶아주면 조리는 동안 쉽게 부서지지 않아요.
6 양념이 자작하게 졸아들면 참기름, 후춧가루를 넣고 가볍게 버무린 다음 불을 끈다.
7 밥 위에 볶은 재료를 얹어 완성한다.

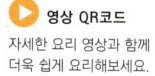
영상 QR코드
자세한 요리 영상과 함께
더욱 쉽게 요리해보세요.

040 두부장비빔밥

두부를 곱게 으깨어 쫄깃한 버섯과 아삭한 양파 넣고 10분만 끓이면 뚝딱. 맛깔나고 건강한 두부장을 만들 수 있어요. 따끈한 밥 위에 올려 신선한 채소와 함께 맛있게 비비면, 촉촉이 넘어가는 부드러운 식감과 고소한 참기름 향, 은은한 매콤함에 먹을수록 더욱 끌리는 매력만점 비빔밥이랍니다.

난이도 ●○○
조리 시간 20분

재료(2인분)

밥 2공기(400g)
어린잎 40g
두부 1/2모(170g)
버섯 70g
양파 1/2개
대파 1대(10cm)
다진 마늘 1큰술
참기름 2작은술
깨소금 2작은술
식용유 약간

양념

다시마 우린 물(또는 물) 6큰술
간장 2큰술
고춧가루 2작은술
매실액 2작은술
(또는 설탕 1작은술)
물엿 1작은술

만드는 법

1 두부는 칼로 곱게 으깨고 어린잎은 찬물에 흔들어 씻어 물기를 뺀다.
2 버섯, 양파, 대파는 잘게 썬다.
3 볼에 분량의 양념 재료를 넣고 섞어 준비한다.
　└ 다시마 우린 물은 미지근한 물 1컵에 다시마 1장을 넣고 30분 정도 우려 사용하세요.
　└ 매실액이 없는 경우, 매실액 1/2 분량의 설탕으로 대체할 수 있어요.
4 중불로 달군 팬에 식용유를 약간 두른 뒤 다진 마늘, 대파, 양파를 넣고 2분간 볶는다.
5 두부, 버섯, 양념을 넣고 버무린 뒤 5분 정도 끓여 양념이 자작하게 졸아들면 참기름, 깨소금을 넣고 가볍게 버무린 다음 불을 끈다.
　└ 바닥이 눌어붙지 않도록 중간중간 저어가며 끓여주세요.(*불 조절 유의)
6 밥 위에 어린잎과 두부장을 올리면 완성.

영상 QR코드
자세한 요리 영상과 함께
더욱 쉽게 요리해보세요.

041 두부청경채덮밥

난이도 ●●○
조리 시간 25분

두부를 노릇하게 구워 감칠맛 가득한 덮밥소스에 지글지글~ 여기에 향긋하고 아삭한 청경채를 더한 건강 채식 덮밥이랍니다. 겉은 쫄깃하고 속은 촉촉하게 씹히는 두부의 식감이 일품이에요.

재료(2인분)

밥 2공기(400g)
두부 2/3모(200g)
청경채 6개(130g)
양파 1/4개(50g)
마늘 2쪽
다진 파 2큰술
다진 청양고추 1/2큰술
감자전분 3큰술
물 1.5컵(300ml)
식용유 약간

양념

굴소스 2큰술
간장 1큰술
맛술 1큰술
물엿 1/2큰술
소금 약간
후춧가루 약간

녹말물

물 1큰술
감자전분 1큰술

만드는 법

1. 두부는 반으로 썬 뒤 1cm 정도의 두께로 도톰하게 썬다.
2. 키친타월 위에 소금을 약간 뿌린 뒤 두부를 올리고 그 위에 소금을 약간 더 뿌려 5~10분 정도 둔다.
   ㄴ 두부에 소금을 약간 뿌려두면 익힐 때 쉽게 부서지지 않아요.
3. 청경채는 밑동을 잘라내고 반으로 썬다. 양파는 채 썰고 마늘은 편 썬다.
4. 볼 2개에 각각 양념 재료와 녹말물 재료를 섞어 준비한다.
5. 비닐백에 감자전분을 넣은 뒤 두부를 넣고 흔들어 부침옷을 고루 입힌다.
6. 중불로 달군 팬에 식용유를 넉넉히 두른 뒤 두부를 올리고 앞뒤로 2~3분씩 노릇하게 부친 다음 키친타월에 올려 기름기를 뺀다.
7. 중불로 달군 팬에 식용유를 약간 두른 뒤 편 썬 마늘, 다진 파, 다진 청양고추를 넣고 볶다가 채 썬 양파를 넣고 볶는다.
8. 양파가 반투명하게 볶아지면 두부, 물, 양념을 넣고 센불에서 2분간 끓인 다음 청경채를 넣고 버무려 30초간 더 익힌다.
9. 중불로 줄여 녹말물 1큰술 정도를 넣어 농도를 맞춘 다음 불을 끄고 밥 위에 소스를 올려 완성한다.
   ㄴ 녹말물을 넣고 빠르게 저어주어야 멍울이 생기지 않아요.

⑤

⑥

⑧

⑨

영상 QR코드
자세한 요리 영상과 함께 더욱 쉽게 요리해보세요.

042

난이도 ●●●
조리 시간 15분
(육수 만들기 30분 제외)

김치콩나물국밥

속이 뻥 뚫리는 해장이 필요한 아침, 무, 대파, 콩나물을 듬뿍 넣은 국민 해장국. 김치콩나물국밥으로 속을 개운하게 달래보세요. 소금 대신 새우젓으로 간하면 국물의 시원한 감칠맛이 더욱 살아납니다.

재료(2인분)

밥 1공기
김치 120g
김치 국물 2큰술
콩나물 80g
무 50g
대파 1/2대
새우젓 1작은술
고춧가루 1/2작은술
국간장 1/2작은술
다진 마늘 1/2작은술
후춧가루 약간
멸치다시마육수 3.5컵
(또는 쌀뜨물)

선택

달걀 1개
다진 청양고추 약간

● 멸치다시마육수 만들기
  page 14

만드는 법

1 김치는 1cm 폭으로 송송 썰고 콩나물은 깨끗이 씻어 체에 밭쳐 물기를 뺀다.
2 무는 굵게 채 썰고 대파는 어슷 썬다.
3 냄비에 멸치다시마육수를 넣고 무, 김치, 김치 국물을 넣어 센불에서 끓인다.
4 끓기 시작하면 중불로 줄여 콩나물과 고춧가루를 넣고 3분간 끓인다.
   ㄴ 끓이는 중간중간 떠오르는 거품은 국자로 걷어내주세요.
5 대파와 다진 마늘을 넣고 한소끔 더 끓인 뒤 새우젓, 국간장, 후춧가루를 넣어 간하고 불을 끈다.
6 뚝배기에 밥을 담고 김치콩나물국을 부어 센불에서 끓인다.
   ㄴ 뚝배기에 담아 끓이면 뜨거운 온기를 오래 유지할 수 있어요.
7 끓기 시작하면 중불로 줄여 1분간 더 끓인 뒤 기호에 따라 달걀, 다진 청양고추, 김가루 등을 곁들여 완성한다.

영상 QR코드
자세한 요리 영상과 함께
더욱 쉽게 요리해보세요.

043

어묵비빔국수

난이도 ●○○
조리 시간 25분

쫄깃쫄깃 어느 요리에나 잘 어울리는 어묵이 매콤 새콤한 비빔국수와 만났어요. 탱글하게 삶은 소면에 어묵 듬뿍 넣고 깻잎과 비빔 양념장을 더해 빨갛~게 비비면 자동 침샘 자극, 숨어버린 입맛까지 되찾아줄 기분 좋은 특별식이 완성됩니다.

재료(2인분)

소면 2인분(200g)
사각 어묵 4장
양파 1/4개
깻잎 10장
삶은 달걀 1개(선택)

비빔 양념장

식초 3큰술
고추장 2큰술
매실액 2큰술
고춧가루 1큰술
간장 1큰술
설탕 1큰술
다진 청양고추 1/2큰술
통깨 1/2큰술
다진 마늘 1/2큰술
참기름 1/2큰술
소금 약간

만드는 법

1 어묵은 먹기 좋은 크기로 굵게 채 썬다.
2 양파는 채 썰고, 깻잎은 돌돌 말아 채 썬다. 삶은 달걀은 반으로 자른다.
3 볼에 분량의 비빔양념장 재료를 섞어 준비한다.
4 끓는 물(센불)에 어묵을 넣고 15초 정도 데친 다음 찬물에 헹구고 물기를 뺀다.
  ↳ 어묵을 뜨거운 물에 살짝 데치면 잡내와 기름기를 제거할 수 있어요.
5 깊은 냄비에 물을 넉넉히 끓여 소면을 펼쳐 넣은 뒤 3~4분간 삶는다.
  ↳ 삶을 때 찬물을 두 세번 넣어주면 물이 끓어 넘치지 않고 면이 더욱 쫄깃해져요.
6 삶아진 국수는 체에 밭친 뒤 찬물에 여러 번 헹구고 물기를 뺀다.
7 삶은 국수에 어묵, 양파, 깻잎, 양념장을 넣고 고루 버무린 다음 그릇에 담은 뒤 삶은 달걀을 올려 완성한다.

❶

❹

❻

❼

044 양배추볶음라면

난이도 ●●○
조리 시간 25분

평범한 라면이 지겨울 때, 담백하게 삶은 라면에 아삭한 양배추를 더한 볶음라면 한 접시 어떠세요? 간단한 재료만 더해도 근사한 요리로 변신. 중독성 있는 달콤 짭조름한 소스와 탱글한 면의 식감에 자꾸만 손이 가는 별식이랍니다.

재료(2인분)
라면사리 2개
양배추 150g
숙주 200g
양파 1/2개
슬라이스햄 2장
대파 1대
식용유 2큰술
다진 마늘 1큰술
가쓰오부시 약간(선택)

양념
물 2/3컵
간장 1큰술
굴소스 1큰술
맛술 1큰술
설탕 1작은술
물엿 1작은술
참기름 1작은술
후춧가루 약간

만드는 법

1 양배추는 1cm 폭으로 썰고 숙주는 깨끗이 씻어 물기를 뺀다.
2 양파는 채 썰고 대파는 어슷 썬다. 슬라이스햄은 0.5cm 폭으로 길게 썬다.
3 볼에 분량의 양념 재료를 넣고 섞어 준비한다.
4 끓는 물(센불)에 라면사리를 넣고 2분간 익힌 다음 찬물에 헹궈 물기를 뺀다.
  └ 볶는 동안 더 익히기 때문에 반 정도만 익혀주세요.
5 중불로 달군 팬에 식용유를 두른 뒤 다진 마늘을 넣어 노릇하게 볶는다.
6 양파, 대파, 슬라이스햄, 양배추를 넣고 센불로 올린 뒤 1~2분간 더 볶는다.
7 면과 양념을 넣고 2~3분간 볶은 뒤 면이 완전히 익으면 숙주를 넣고 재빨리 볶은 다음 불을 끈다.
  └ 숙주의 아삭한 식감을 살릴 수 있도록 숙주가 휘어지기 시작하면 불을 꺼주세요.
8 볶음면을 그릇에 담고 가쓰오부시를 약간 올려 완성한다.

영상 QR코드
자세한 요리 영상과 함께 더욱 쉽게 요리해보세요.

045

난이도 ●●○
조리 시간 25분
(당면 불리기 30분 제외)

찜닭볶음면

매콤 짭조름 찜닭 속 납작당면! 간장양념이 쏙쏙 밴 그 맛에 가끔은 닭고기보다 쫄깃한 당면이 더 당길 때가 있죠. 복잡하고 손이 많이 가는 찜닭 대신 오늘은 닭가슴살로 간편하게 만드는 찜닭볶음면 어떠세요?

영상 QR코드
자세한 요리 영상과 함께
더욱 쉽게 요리해보세요.

재료 (2인분)

납작당면 200g
닭가슴살 2장
마른 홍고추 2개
대파 2대(10cm×2)
양파 1/2개
감자 1/2개(100g)
당근 50g
물 2.5컵(500ml)
다진 마늘 1큰술
참기름 1/2큰술
식용유 약간

닭고기 밑간

맛술 1큰술
후춧가루 약간

양념

간장 4큰술
맛술 2큰술
물엿 1큰술
설탕 2작은술
후춧가루 약간

만드는 법

1 당면은 미지근한 물에 30분 이상 담가 부드럽게 불려 준비한다.
  └ 불리지 않은 당면은 끓는 물에 10분 정도 삶아 찬물에 헹구어 사용하세요.
2 닭고기는 납작하게 포를 뜬 뒤 가늘게 채 썰어 맛술, 후춧가루를 넣고 버무려 밑간한다.
3 감자는 굵게 채 썰어 찬물에 10분 정도 담가 전분기를 뺀다.
  └ 감자의 전분기를 빼고 사용해야 익히는 동안 쉽게 부서지지 않아요.
4 양파, 당근, 대파는 채 썰고 마른 홍고추는 가위로 4등분 한다.
  └ 마른 홍고추의 양을 가감하여 매운맛을 조절하세요.
5 볼에 분량의 양념 재료를 넣고 섞어 준비한다.
6 중불로 달군 팬에 식용유를 약간 두른 뒤 다진 마늘을 넣고 1분간 볶은 다음 닭가슴살, 양파, 감자, 당근을 넣고 1분간 더 볶는다.
7 물, 양념, 마른고추를 넣고 센불로 올려 5분간 끓인다.
  └ 중간중간 떠오르는 거품을 걷어가며 끓여주세요.
8 불린 당면을 넣고 5~7분간 더 끓인 뒤 국물이 자작하게 졸아들면 대파, 참기름을 넣고 가볍게 버무린다. 불을 끄고 그릇에 담아 완성한다.

DINNER

046

불고기크림파스타

난이도 ●●○
조리 시간 25분

한식 대표주자 불고기와 고소한 크림파스타의 만남! 감칠맛 가득한 불고기양념이 크림의 느끼함은 줄이고 고소한 풍미를 더했어요.

재료(2인분)

파스타 면(링귀니) 200g
소고기(불고기용) 150g
양송이버섯 4개
양파 1/2개
대파 흰부분 1대(10cm)
마늘 6쪽
생크림 250ml
우유 250ml
올리브유 2큰술
소금 약간
후춧가루 약간
크레송(또는 어린잎) 약간

소고기 밑간

간장 3.5큰술
청주 1큰술
다진 마늘 2작은술
참기름 2작은술
설탕 1작은술
후춧가루 약간

만드는 법

1 소고기는 큼직하게 썰어 밑간 재료를 넣고 고루 버무려 밑간한다.
2 양파는 채 썰고 대파는 송송 썬다. 마늘과 양송이버섯은 납작하게 썰어 준비한다.
3 끓는 물(센불)에 소금을 넣어 녹인 뒤 파스타 면을 넣고 7분간 삶은 다음 체에 밭쳐 물기를 뺀다.
  └ 끓는 물 1L에 소금 1큰술 정도가 적당해요.
4 중불로 달군 팬에 올리브유를 두른 뒤 마늘과 대파를 넣고 볶는다.
5 마늘이 노릇하게 볶아지면 밑간한 소고기와 양파, 양송이버섯을 넣고 볶는다.
6 소고기 겉면이 익으면 우유와 생크림을 넣고 3분간 끓인다.
7 삶은 면을 넣고 센불로 올린 뒤 2분간 더 익힌 다음 소금, 후춧가루로 간한다.
8 파스타를 그릇에 담고 크레송 또는 어린잎을 약간 올려 완성한다.

047
명란크림파스타

난이도 ●●○   조리 시간 20분

재료(2인분)
스파게티 면 200g
명란젓 2개(60g)
양파 1/2개
대파 1/2대(5cm)
마늘 4쪽
생크림 1.5컵(300ml)
우유 1컵(200ml)
올리브유 2큰술
화이트와인 1큰술
버터 1/2큰술
소금 약간
통후춧가루 약간
김채 약간(선택)

면 삶기
물 5컵
소금 1큰술

만드는 법

1 명란젓은 길게 반을 잘라 칼등으로 긁어 얇은 막을 제거하고 알만 준비한다.
2 양파는 채 썰고 대파는 송송 썬다. 마늘은 편 썬다.
3 끓는 물(센불)에 소금을 넣어 녹인 뒤 스파게티 면을 넣고 5분간 삶는다.
    └ 소스와 함께 더 끓여내기 때문에 포장지에 적힌 시간보다 1~2분 덜 삶아주세요.
4 삶은 스파게티 면을 체에 밭쳐 물기를 뺀다.
5 중불로 달군 팬에 올리브유를 두르고 버터를 넣어 녹인 뒤 대파와 마늘을 넣고 볶는다. 마늘이 노릇하게 볶아지면 양파를 넣고 1분간 더 볶는다.
6 명란젓을 1큰술 정도 남기고 ⑤에 넣은 뒤 화이트와인을 넣어 살짝 더 볶은 다음 생크림과 우유를 넣고 끓인다.
7 끓기 시작하면 스파게티면을 넣고 2~3분간 저어가며 끓인 뒤 농도가 걸쭉해지면 소금, 통후춧가루로 간하고 불을 끈다.
8 파스타를 그릇에 담고 덜어 둔 명란젓과 김채를 약간씩 올려 완성한다.

 영상 QR코드
자세한 요리 영상과 함께
더욱 쉽게 요리해보세요.

크림파스타에 명란젓을 더해 느끼함은 잡고 고소함은 더했어요.
포크에 돌돌 감아 호로록~톡톡 터지는 명란젓이
입안 가득 고소한 행복을 전합니다.

048
깻잎페스토참치스파게티

난이도 ●●○   조리 시간 25분

재료(2인분)
스파게티 면 200g
참치 1캔(150g)
면 삶은 물 1.5컵(300ml)
소금 약간
후춧가루 약간

깻잎페스토소스
깻잎 14장
마늘 2쪽
잣 2큰술
파마산치즈가루 2큰술
올리브유 2/3컵(150ml)
소금 약간
후춧가루 약간

면 삶기
물 1.5L
소금 1큰술

만드는 법

1. 깻잎과 마늘을 작게 썬 뒤 믹서에 잣, 파마산치즈가루, 올리브유, 소금, 후춧가루와 함께 넣고 곱게 갈아 깻잎페스토소스를 만든다.
2. 참치는 체에 밭친 뒤 숟가락을 이용해 기름기를 충분히 제거한다.
3. 냄비에 물을 넉넉히 끓여 소금을 넣어 녹인 뒤 스파게티 면을 넣고 삶는다.
   ∟ 중간중간 바닥을 저어주어야 면이 바닥에 눌어붙지 않아요.
4. 삶은 면을 체에 밭쳐 물기를 뺀다. 면 삶은 물은 1.5컵을 따로 덜어둔다.
5. 팬에 페스토소스와 면 삶은 물을 넣어 센불에서 끓인 뒤 끓기 시작하면 면을 넣고 1분간 볶는다.
6. 참치를 넣고 가볍게 버무린 다음 소금, 후춧가루로 간하고 그릇에 담아 완성한다.
   ∟ 마늘칩을 곁들이면 고소한 풍미를 더할 수 있어요.
   ● 마늘칩 만들기 page 28

영상 QR코드
자세한 요리 영상과 함께
더욱 쉽게 요리해보세요.

①-1

①-2

고소한 깻잎을 올리브유와 함께 갈아 고운 초록빛 파스타를 만들어보세요. 참치의
쫄깃한 씹히는 식감과 함께 신선한 깻잎향이 은은하게 번지는 이색 파스타랍니다.
바삭한 마늘칩을 더해 고소하고 알싸한 풍미까지 즐겨보세요.

049 감자들깨칼국수

난이도 ●●○
조리 시간 30분

비가 추적추적 내리는 날, 뜨끈한 칼국수에 뽀얀 들깻가루를 솔솔~ 고소하고 걸쭉한 매력을 더한 감자들깨칼국수로 지친 하루를 포근하게 달래보세요.

재료(2인분)

칼국수 생면 2인분(300g)
감자 2개
애호박 1/3개
양파 1개
홍고추 1개
표고버섯 2개
멸치새우육수 7컵
(또는 멸치다시마육수)
탈피 들깻가루 5큰술
국간장 1작은술
소금 약간
후춧가루 약간

멸치새우육수

물 8컵
마른 멸치 15마리
마른 새우 15마리
다시마 2장

만드는 법

1 멸치새우육수 7컵을 준비한다.
  ① 냄비에 멸치와 새우를 넣고 살짝 볶아 비린내를 제거한다.
    └ 멸치의 머리와 내장을 떼고 사용해야 육수에서 쓴맛이 나지 않아요.
  ② 물을 붓고 다시마를 넣어 중약불로 끓이다가 끓기 시작하면 약불로 줄인다.
  ③ 10분 후 다시마를 건져내고 10분간 더 끓인 뒤 멸치와 새우를 체로 건져낸다.
2 감자와 애호박은 반달모양으로 썬다.
3 양파는 채 썰고 표고버섯은 기둥을 뗀 뒤 모양을 살려 썬다. 홍고추는 어슷 썬다.
4 냄비에 육수(7컵)와 감자를 먼저 넣고 센불에서 끓인다.
5 끓기 시작하면 중불로 줄여 2분간 더 끓인 뒤 칼국수 면을 찬물에 가볍게 헹구어 냄비에 넣고 3분간 더 끓인다.
6 면이 반정도 익으면 양파, 애호박, 홍고추를 넣고 1~2분간 더 끓인다.
7 마지막에 들깻가루를 풀어 넣고 국간장, 소금, 후춧가루로 간한 뒤 그릇에 담아 완성한다.

영상 QR코드
자세한 요리 영상과 함께
더욱 쉽게 요리해보세요.

김치수제비

050

난이도 ●●●
조리 시간 30분
(반죽 숙성 1시간 제외)

찬 바람 부는 날이면 생각나는 뜨끈한 김치수제비 한 그릇. 송골송골 땀이 맺히는 얼큰한 김치수제비 한 그릇이면 지겹던 감기도 울고 간답니다. 엄마의 손맛 그대로, 따스한 온기 가득한 저녁 만찬을 즐겨보세요.

재료(2인분)

배추김치 200g
감자 1개
애호박 1/4개
양파 1/2개
대파 1대
청양고추 1/2개
홍고추 1/2개
김치 국물 1/2컵
다진 마늘 1큰술
간장 1큰술
고춧가루 1/2큰술
소금 약간
참기름 약간
멸치다시마육수 6컵
(또는 쌀뜨물)

수제비 반죽

밀가루 1.5컵
물 1/2컵
식용유 1큰술
소금 1/4작은술

● 멸치다시마육수 만들기
  page 14

만드는 법

1 넓은 볼에 밀가루와 소금을 먼저 넣고 고루 섞은 뒤 물, 식용유를 넣고 숟가락으로 저어준 다음 손으로 치대어 반죽한다.
  └ 식용유를 약간 넣어 반죽하면 반죽이 손에 잘 달라붙지 않아요.

2 반죽에 랩을 씌운 뒤 냉장고에 넣어 1시간 정도 숙성시킨다.
  └ 반죽을 숙성시켜 사용하면 쫄깃한 식감을 더할 수 있어요.

3 배추김치는 1cm 폭으로 썰고, 감자와 애호박은 반달 모양으로 납작하게 썬다.

4 양파는 채 썰고 대파, 청양고추, 홍고추는 어슷 썬다.

5 냄비에 멸치다시마육수, 김치 국물, 배추김치, 감자를 넣고 센불에서 끓여 끓기 시작하면 중불로 줄이고 5분간 끓인다.

6 숙성시킨 반죽을 국물에 얇게 떼어 넣은 뒤 반죽이 익어 떠오르면 양파, 애호박, 간장, 고춧가루를 넣고 5분간 더 끓인다.

7 다진 마늘, 대파, 청양고추, 홍고추를 넣고 한소끔 더 끓인 다음 부족한 간은 소금으로 간하고 그릇에 담아 완성한다.
  └ 먹기 직전 참기름을 한 두방울 곁들이면 고소한 맛과 향을 더할 수 있어요.

 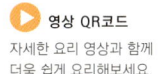

후다닥 근사한
홈파티 한 그릇 20

—

051	새우갈릭버터구이	136		061	해물파전	156
052	찹스테이크	138		062	두부애호박그라탱	158
053	두부베이컨말이	140		063	양배추비빔만두	160
054	두부돼지고기숙주볶음	142		064	훈제오리묵은지쌈밥	162
055	카프레제샐러드	144		065	오삼불고기	164
056	양배추롤	146		066	두부피자	166
057	가지오븐구이	148		067	훈제연어크림치즈브루스케타	168
058	감자치즈그라탱	150		068	바질페스토브루스케타	170
059	감바스알아히요	152		069	만다린브루스케타	172
060	버터바지락술찜	154		070	갈릭쉬림프브루스케타	174

051

새우갈릭버터구이(쉬림프박스)

난이도 ●○○
조리 시간 25분

줄 서서 먹는 푸드 트럭 인기 메뉴를 집에서 만들어보세요. 통통한 새우에 고소하고 향긋한 갈릭허브버터와 상큼한 레몬이 더해져 마성의 요리가 탄생합니다. 밥 위에 올리면 근사한 덮밥으로도 활용할 수 있어요.

재료(2인분)

새우(중하) 10마리
방울토마토 4개(선택)
양파 1/4개
꿀(또는 물엿) 1큰술
레몬즙 1큰술
화이트와인 1큰술
소금 약간
통후춧가루 약간
올리브유 적당량

허브갈릭버터

상온 버터 2큰술
다진 마늘 1큰술
바질가루 1/2작은술
파슬리가루 1/2작은술
소금 약간

곁들임(선택)

레몬 2조각
바게트 약간

만드는 법

1. 새우는 이쑤시개를 이용해 등쪽의 내장을 제거한 뒤 머리를 떼어내고 꼬리 쪽 한 마디를 남겨 몸통의 껍질을 벗긴다. 꼬리의 뾰족한 부분은 가위로 잘라낸다.
2. 손질한 새우에 화이트와인, 소금, 통후춧가루를 뿌려 5분 정도 재워둔다.
3. 방울토마토는 반으로 썰고 양파는 잘게 다진다.
4. 볼에 분량의 허브갈릭버터 재료를 섞어 준비한다.
   ┖ 버터가 단단한 경우 전자레인지에서 30초간 돌려 살짝 녹인 뒤 사용하세요.
5. 중불로 달군 팬에 올리브유를 두른 뒤 다진 양파를 넣고 30초간 볶는다.
6. 양파가 노릇하게 볶아지면 새우를 넣고 앞뒤로 노릇하게 익힌 다음 방울토마토를 넣는다.
7. 방울토마토가 부드럽게 익으면 허브갈릭버터를 넣고 고루 섞은 뒤 꿀, 레몬즙을 넣고 가볍게 버무린 다음 불을 끈다.
8. 새우갈릭버터구이에 레몬 조각과 바게트를 곁들여 완성한다.

052

찹스테이크

난이도 ●●○
조리 시간 25분

연인, 가족, 친구와 함께하는 즐거운 모임을 더욱 특별하게 빛내줄 요리, 찹스테이크! 소고기와 잘 어울리는 발사믹소스와 함께 볶아 새콤하면서도 깊고 진한 풍미가 느껴지는 요리랍니다.

재료(2인분)

소고기(구이용) 500g
양파 1개
청피망 1/2개
홍피망 1/2개
양송이버섯 4개
페페론치노 2개
레드와인(또는 청주) 1.5큰술
소금 약간
통후춧가루 약간

소고기 밑간

올리브유 2큰술
바질가루 1/2작은술(선택)
소금 약간
통후춧가루 약간

소스

발사믹식초 6큰술
굴소스 2.5작은술
설탕 2작은술
다진 마늘 1작은술

만드는 법

1. 소고기는 키친타월에 올려 핏물을 닦아낸 뒤 올리브유, 바질가루, 소금, 통후춧가루를 뿌려 밑간하고 랩을 씌워 10~30분간 재워둔다.
2. 양파는 큼직하게 썰고 청피망과 홍피망도 큼직하게 썬다.
3. 양송이버섯은 얇은 껍질을 벗겨 4등분하고 페페론치노는 가위로 잘게 잘라둔다.
4. 볼에 분량의 소스 재료를 섞어 준비한다.
5. 센불로 달군 팬에 소고기를 올려 앞뒤를 노릇하게 굽는다.
6. 가위를 이용해 고기를 한 입 크기로 자른 뒤 레드와인을 넣고 30초간 볶는다.
   ┗ 와인은 고기의 냄새를 없애주고 육질을 연하게 하는 효과가 있어요.
7. 양파, 청피망, 홍피망, 양송이버섯, 페페론치노를 넣고 30초간 볶은 뒤 소스를 넣고 1분간 더 볶는다.
8. 소금, 후춧가루로 간한 뒤 불을 끄고 그릇에 담아 완성한다.

 영상 QR코드
자세한 요리 영상과 함께
더욱 쉽게 요리해보세요.

053 두부베이컨말이

난이도 ●●○
조리 시간 20분

베이컨 위에 향긋한 깻잎과 촉촉한 두부를 차례로 올리고 김밥 말듯이 돌돌 말아 전분옷을 입혀 노릇하게 구우면 완성. 한입에 쏙쏙 먹기 좋아 입맛 까다로운 아이 반찬으로도, 간단하게 즐기는 어른 술안주로도 좋아요.

재료(2인분/8개)

두부 1/2모(150g)
베이컨 8장
깻잎 8장
감자전분 2큰술
식용유 약간

만드는 법

1 두부 1/2모를 1cm 두께로 8등분 한 다음 키친타월(또는 면포) 1장 위에 올리고 키친타월 1장으로 덮어 5~10분 정도 둔다.
   ∟ 두부의 수분을 충분히 제거해주어야 구울 때 쉽게 부서지지 않아요.
2 도마 위에 베이컨을 세로로 올린 뒤 그 위에 깻잎을 반으로 접어 올리고 두부를 올린 다음 돌돌 만다.
   ∟ 김밥을 말듯이 베이컨 밑선에 맞추어 깻잎과 두부를 올려주세요.
3 접시에 감자전분을 넓게 펼쳐 담고 돌돌 만 재료를 올려 부침옷을 고루 입힌다.
4 중불로 달군 팬에 식용유를 약간 두른 뒤 베이컨의 이음새가 바닥에 닿도록 하여 1~2분 정도 먼저 익힌 다음 굴려가며 앞, 뒤, 옆면을 노릇하게 부친다.
   ∟ 베이컨 이음새 부분을 먼저 익혀주어야 익히는 동안 쉽게 풀리지 않아요.
5 키친타월에 올려 기름기를 제거한 뒤 그릇에 담아 완성한다.

❶

❷

❹

❺

 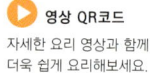
영상 QR코드
자세한 요리 영상과 함께
더욱 쉽게 요리해보세요.

054 두부돼지고기숙주볶음

난이도 ●●○
조리 시간 25분

환상궁합을 자랑하는 돼지고기와 숙주, 여기에 고소한 두부를 더하면 더욱 건강하고 특별한 이자카야 요리가 완성됩니다. 쫄깃, 아삭, 촉촉! 씹는 즐거움이 넘치는 두부돼지고기숙주볶음과 함께 오늘 저녁 시원한 맥주 한 잔 어떠세요?

재료(2인분)

두부 1/2모(150g)
대패삼겹살 100g
숙주 100g
달걀 1개
식용유 약간
송송 썬 쪽파 약간(선택)

대패삼겹살 밑간

다진 파 1큰술
다진 마늘 1작은술
맛술 1작은술
통후춧가루 약간

양념

간장 1큰술
맛술 1큰술
굴소스 1작은술
참기름 1작은술

만드는 법

1 두부는 1cm 두께로 도톰하게 썬다.
2 대패삼겹살은 밑간 재료를 넣고 버무려 밑간한다.
3 숙주는 깨끗이 씻어 물기를 빼고 달걀은 볼에 깨어 가볍게 풀어 준비한다.
4 다른 볼에 분량의 양념 재료를 넣고 섞어 준비한다.
5 중불로 달군 팬에 식용유를 약간 두른 뒤 두부를 올려 앞뒤로 노릇하게 부친 다음 키친타월에 올려 기름기를 뺀다.
6 중불로 달군 팬에 식용유 약간을 두른 뒤 대패삼겹살을 넣고 노릇하게 익힌다.
7 두부를 넣고 달걀물을 원을 그리듯이 두른 뒤 15~20초 정도 그대로 익히다가 1분 정도 가볍게 볶는다.
  ㄴ 달걀을 살짝 익힌 뒤 저어주어야 달걀 스크럼블의 식감도 함께 살릴 수 있어요.
8 센불로 올려 숙주와 양념을 넣고 30초간 빠르게 볶은 뒤 불을 끈다.
  ㄴ 숙주의 아삭한 식감을 살릴 수 있도록 숙주가 휘어지기 시작하면 불을 꺼주세요.
9 두부돼지고기숙주볶음을 그릇에 담고 송송 썬 쪽파를 올려 완성한다.

영상 QR코드
자세한 요리 영상과 함께 더욱 쉽게 요리해보세요.

055 카프레제샐러드

난이도 ●○○
조리 시간 15분

카프레제샐러드는 상큼한 토마토와 부드러운 모차렐라치즈, 향긋한 바질잎, 그리고 새콤한 발사믹식초의 맛이 조화롭게 어우러진 이탈리아 요리입니다. 가벼운 한 끼 식사로도 좋고 와인과 함께 곁들이면 분위기 있는 안주로도 즐길 수 있어요.

재료(2인분)
토마토(중) 2개
생 모차렐라치즈 200g
바질잎 20장
올리브유 약간
소금 약간
통후춧가루 약간

발사믹소스
발사믹식초 3/4컵
(또는 시판 발사믹리덕션 약간)

만드는 법

1 냄비에 발사믹식초를 넣고 중약불에서 끓이다가 끓기 시작하면 약불로 줄여 10~15분 정도 자작하게 졸인다.
   ┗ 타지 않도록 약한불을 유지하여 끓여주세요.
2 농도가 천천히 흐르는 정도로 졸아들면 불을 끄고 차게 식힌다.
   ┗ 식은 후 농도가 더욱 걸쭉해져요. 생크림 정도의 농도에서 불을 꺼주세요.
3 토마토와 생 모차렐라치즈는 0.5cm 정도 두께로 둥글게 썬다. 바질잎은 싱싱해지도록 찬물에 담가두었다가 물기를 뺀다.
4 접시에 토마토-바질잎-모차렐라치즈 순으로 비스듬히 겹쳐 올리며 담는다.
5 전체적으로 올리브유 1~2큰술을 고루 뿌린 뒤 발사믹소스를 가늘게 뿌린다.
6 소금, 통후춧가루를 약간씩 뿌려 완성한다.

056

양배추롤

난이도 ●●●
조리 시간 35분

명품 조연 양배추가 고기를 품고 훌륭한 주연으로 재탄생했어요. 한입 베어 물면 육즙이 팡팡! 입안 가득 진한 풍미가 촉촉이 녹아내린답니다.

재료(2인분)
손바닥 크기의 양배추 12장(300g)
토마토 1개
시판 토마토소스 1컵
물 1컵
화이트와인 2큰술
올리브유 2큰술
소금 약간
월계수잎 2장(선택)

고기소
다진 돼지고기 300g
양파 1/2개(100g)
달걀 1개
빵가루 3큰술(20g)
소금 약간 1/2작은술
후춧가루 약간
넛맥 약간(선택)

만드는 법

1. 양배추의 두꺼운 심은 칼로 떠내어 제거한다.
2. 넓은 볼에 양배추를 넣고 물 1/2컵 정도를 부어 적신 뒤 랩을 씌우고 전자레인지에 넣어 4분 정도 익힌다.
   └ 양배추를 끓는 물에 살짝 데쳐 사용해도 좋아요.
3. 토마토는 꼭지를 도려낸 뒤 1cm 크기로 썰고 양파는 곱게 다진다.
4. 볼에 분량의 고기소 재료를 넣고 고루 치대어 준비한다.
5. 양배추 위에 소를 1숟가락씩 올린 다음 감싸듯 돌돌 말아 10~12개를 준비한다.
6. 냄비에 양배추 이음새가 아래로 가도록 가지런히 담고 화이트와인, 토마토, 토마토소스, 물, 올리브유, 월계수잎을 넣어 센불에서 끓인다.
7. 끓기 시작하면 약불로 줄여 뚜껑을 덮고 20분 정도 끓인 다음 부족한 간은 소금으로 간하여 완성한다.

영상 QR코드
자세한 요리 영상과 함께 더욱 쉽게 요리해보세요.

147

057 가지오븐구이

난이도 ●●○
조리 시간 25분

가지를 먹기 좋게 막대 모양으로 잘라 파마산치즈와 올리브유로 고소하게 밑간하고 튀김옷을 입혀 오븐에 구워주면 바삭하면서도 가지의 쫄깃함이 살아있는 가지튀김이 완성됩니다.

재료(2인분)
가지 1개
빵가루 1컵
밀가루 1컵
달걀 1개
올리브유 약간
토마토케첩 약간
파슬리가루 약간(선택)

소금물
물 2.5컵(500ml)
소금 1작은술

가지 밑간
올리브유 2큰술
파마산치즈가루 1큰술
다진 마늘 2작은술
소금 1/4작은술
후춧가루 약간

만드는 법

1. 가지는 꼭지를 잘라내고 반으로 자른 뒤 1.5cm 두께의 막대모양으로 썬다.
2. 물 2.5컵에 소금 1작은술을 녹인 뒤 가지를 담가 10분 정도 절인 다음 키친타월을 이용해 물기를 제거한다.
   └ 가지를 소금물에 살짝 절이면 가지 특유의 떫은맛을 제거할 수 있어요.
3. 가지에 밑간 재료를 넣고 버무려 밑간한다.
4. 달걀을 풀어 넓은 그릇에 담고 밀가루와 빵가루도 각각 넓은 그릇에 담는다.
5. 가지에 밀가루-달걀-빵가루 순으로 튀김옷을 입힌다.
   └ 밀가루가 너무 두껍게 입혀지지 않도록 가볍게 털어내주세요.
6. 오븐 팬에 종이호일을 깔고 가지를 펼쳐 올린 뒤 올리브유를 약간씩 뿌려준다.
   └ 올리브유를 약간 뿌려주어야 빵가루가 타지 않고 바삭하게 구울 수 있어요.
7. 220℃로 예열된 오븐에서 5분간 구운 뒤 위아래를 뒤집어 5~6분 정도 더 굽는다.
8. 노릇하게 익으면 꺼내어 그릇에 담은 뒤 파슬리가루를 약간 뿌리고 케첩을 곁들여 완성한다.

❷

❸

❺

❻

058 감자치즈그라탱(도피누와즈)

특별한 요리로 기분 내고 싶은 날, 근사한 프랑스 가정식으로 식탁을 채워보세요. 프랑스 남동부 도피네 지방의 전통요리인 도피누와즈(감자치즈그라탱)는 부드러운 크림소스에 포슬포슬한 감자, 쫄깃한 피자치즈가 더해져 풍성하고 화려한 식감을 자랑합니다.

난이도 ●○○
조리 시간 25분

재료(2인분)

감자 2개(350~400g)
피자치즈 70g
슬라이스치즈 1개
우유 1컵(200ml)
생크림 1/2컵(100ml)
버터 1큰술
파마산치즈가루 1큰술
다진 마늘 1작은술
소금 1/3작은술
통후춧가루 약간
올리브유 약간

선택

넛맥 약간
파슬리가루 약간

만드는 법

1 감자는 껍질을 벗겨 반으로 썬 뒤 얇게 슬라이스한다.
2 중불로 달군 팬에 버터를 녹인 다음 다진 마늘을 넣고 볶다가 우유와 생크림을 넣고 끓인다.
3 끓기 시작하면 슬라이스치즈, 소금, 통후춧가루를 넣어 녹인 다음 감자를 넣고 5분간 끓인다.
 ㄴ 감자가 바닥에 눌어붙지 않도록 중간중간 저어가며 익혀주세요.
4 감자가 완전히 익고 농도가 걸쭉하게 졸아들면 파마산치즈가루와 넛맥을 넣고 가볍게 섞어준 다음 불을 끈다.
5 오븐 그릇에 담고 윗면에 피자치즈를 듬뿍 올린 뒤 올리브유를 약간 뿌린 다음 200℃로 예열된 오븐에서 8분간 굽는다.
6 윗면이 노릇하게 색이 나면 꺼낸 뒤 파슬리가루를 약간 뿌려 완성한다.
 ㄴ 전자레인지를 사용할 경우, 치즈가 녹을 정도(2~3분)로 살짝만 돌려 완성하세요.

059 감바스알아히요

감바스알아히요는 새우와 마늘을 올리브유에 구워낸 스페인 요리로 감바스(gambas)는 새우를, 아히요(ajillo)는 마늘 소스를 뜻합니다. 마늘이 올리브유의 느끼함을 잡아주고 페페론치노가 매콤한 매력을 더해 자꾸만 손이 가는 요리랍니다. 파스타 면을 더해 오일파스타로도 활용할 수 있어요.

난이도 ●●○
조리 시간 25분

재료(2인분)
새우(중하) 10마리
방울토마토 5개
양송이버섯 2개
소금 약간
통후춧가루 약간
바게트 약간(선택)

허브 오일
올리브유 2/3컵
마늘 8쪽
페페론치노 5개
타임 3줄기
월계수잎 1장
바질가루 1/2작은술

만드는 법

1 새우는 머리를 떼어낸 뒤 꼬리 위쪽 한마디를 남기고 껍질을 벗긴다.
2 등쪽에 길게 칼집을 넣어 내장을 제거한 다음 소금, 통후춧가루를 뿌려 밑간한다.
3 방울토마토는 반으로 썰고 양송이버섯은 얇은 껍질을 벗긴 뒤 4등분 한다.
4 마늘은 칼등으로 눌러 으깨고 페페론치노는 가위로 잘게 자른다.
5 약불로 달군 팬에 올리브유를 붓고 마늘, 페페론치노, 타임, 월계수잎, 바질가루를 넣어 10분간 끓인다.
  └ 올리브유는 발연점이 낮아 낮은 온도에서 끓여주어야 향이 오래가고 맛도 깊어져요.
6 마늘향이 충분히 우러나면 중불로 올려 방울토마토와 양송이버섯을 넣고 2분간 더 끓인다.
7 새우를 넣고 1분간 익힌 다음 뒤집어 1분간 더 익히고 붉게 익으면 불을 끈다.
  └ 너무 오래 익히면 새우의 식감이 질겨질 수 있으니 주의하세요.
8 부족한 간은 소금으로 간하여 완성한다.
  └ 기호에 따라 바게트를 곁들이거나 파스타면을 넣어 오일파스타로 즐겨도 좋아요.

❶

❸

❺

❽

영상 QR코드
자세한 요리 영상과 함께 더욱 쉽게 요리해보세요.

060

버터바지락술찜

난이도 ●○○
조리 시간 20분

바지락에 청주를 더해 촉촉이 익힌 뒤 버터와 간장으로 풍미를 더하면 완성! 사케가 술술 넘어가는 일본식 안주요리 버터바지락술찜입니다. 시원한 바다 내음 가득한 버터바지락술찜에 사케 또는 화이트와인 한잔 어떠세요?

재료(2인분)
바지락 500g
팽이버섯 100g
쪽파 2줄기
청주 3큰술
버터 1큰술
간장 1큰술
레몬 1~2조각

바지락 손질
굵은소금 약간

만드는 법

1 해감한 바지락은 굵은소금을 약간 넣고 바락바락 문질러 씻은 다음 찬물에 여러 번 헹구고 체에 밭쳐 물기를 뺀다.
   ┖ 바지락은 미리 물 1L에 굵은소금 1큰술을 녹인 물에 담가 반나절 정도 해감해주세요.
2 팽이버섯은 밑동을 잘라낸 뒤 반으로 썰고 쪽파는 송송 썬다.
3 냄비에 바지락, 팽이버섯, 청주를 넣고 뚜껑을 덮어 중불에서 4분간 끓인다.
4 뚜껑을 열고 버터와 간장을 넣어 버무린 다음 다시 뚜껑을 덮어 2분간 익힌다.
5 바지락이 모두 입을 벌리면 쪽파를 넣고 가볍게 버무린 다음 불을 끈다.
6 그릇에 담고 레몬 조각을 곁들여 완성한다.
   ┖ 레몬은 먹기 직전에 뿌려주어야 신선한 맛과 향을 살릴 수 있어요.

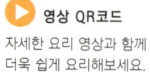
자세한 요리 영상과 함께
더욱 쉽게 요리해보세요.

061 해물파전

난이도 ●●○
조리 시간 25분

비 오는 날이면 어김없이 생각나는 요리, 해물파전. 달큼하고 알싸한 쪽파와 바다향 가득한 새우와 오징어를 아낌없이 올려 지글지글~ 바삭하게 구워주었어요. 깔끔한 양파간장까지 더해 근사한 한 접시를 완성해보세요.

재료(2인분/1장)

쪽파 10대
오징어 몸통 1마리
냉동 새우살 10~12마리
청고추 1/2개(선택)
홍고추 1/2개(선택)
달걀 1개

반죽

부침가루 1컵(100g)
찬물 3/4컵(150g)
소금 약간

양파간장

채 썬 양파 1/4개
송송 썬 청양고추 1개
간장 2큰술
식초 1큰술
설탕 1큰술

만드는 법

1 쪽파는 5~6cm 길이로 썰고 오징어 몸통은 1cm 두께로 길게 썬다.
  └ 오징어 몸통의 가로방향으로 길게 썰어야 익은 후 돌돌 말리지 않아요.
2 청고추와 홍고추는 어슷 썰고 달걀은 볼에 풀어 준비한다.
3 다른 볼에 분량의 양파간장 재료를 넣고 섞어 준비한다.
4 넓은 볼에 부침가루, 찬물, 소금을 넣고 덩어리지지 않도록 거품기로 잘 풀어준 다음 쪽파를 넣고 가볍게 버무린다.
  └ 찬물 또는 얼음물을 넣고 반죽하면 바삭한 식감을 더욱 살릴 수 있어요.
5 중불로 달군 팬에 식용유를 넉넉히 두른 뒤 반죽을 넓게 펼쳐 올린 다음 오징어, 새우살, 홍고추, 청고추를 올린다.
6 달걀물을 고루 둘러 약불에서 5분간 익힌 뒤 뒤집어 5분 정도 더 익힌다.
  └ 뒤집은 후 반대쪽도 바삭하게 익도록 식용유를 약간 더 둘러주세요.
7 양면이 노릇하게 익으면 그릇에 담고 양파간장을 곁들여 완성한다.

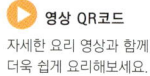

영상 QR코드
자세한 요리 영상과 함께 더욱 쉽게 요리해보세요.

157

062 두부애호박그라탱

고기 없이도 이런 맛이?! 단골 반찬 재료, 두부와 애호박으로 근사한 연말 홈 파티 요리를 만들어보면 어떨까요? 쫄깃한 모차렐라치즈와 새콤한 토마토소스를 더해 오븐에서 8분! 건강하고 근사한 홈 파티 한 그릇이 완성됩니다.

난이도 ●●○
조리 시간 30분

재료(2인분)
두부 1모
애호박 1/2개
생 모차렐라치즈 1개
소금 약간
올리브유 적당량

소스
시판 토마토소스 6큰술
다진 양파 3큰술
올리브유 2큰술
다진 마늘 1작은술
바질가루 1/4작은술
통후춧가루 약간

토핑(선택)
파마산치즈가루 약간
파슬리가루 약간

만드는 법
1 두부는 반으로 자른 뒤 1cm 두께로 썰어 16조각을 만든다.
2 애호박도 1cm 두께의 반달모양으로 썰고, 생 모차렐라치즈는 0.5cm 두께의 반달모양으로 썰어 각각 16조각을 준비한다.
3 키친타월 위에 소금을 약간 뿌린 뒤 두부와 애호박을 올리고 그 위에 소금을 약간 더 뿌려 밑간한 뒤 5~10분 정도 둔다.
4 볼에 분량의 소스 재료를 넣고 섞어 준비한다.
5 중불로 달군 팬에 올리브유를 약간 두른 뒤 두부를 올려 양면을 노릇하게 구운 다음 키친타월에 올려 기름기를 뺀다.
6 같은 방법으로 애호박을 구운 뒤 키친타월에 올려 기름기를 뺀다.
7 오븐그릇 안쪽에 소스 1/2 분량을 얇게 펼쳐 담은 뒤 두부-애호박-생 모차렐라치즈 순으로 겹겹이 세워 담는다.
8 그 위에 남은 소스를 얇게 펴 바르고 200℃로 예열된 오븐에서 8분간 굽는다.
9 그라탱 위에 파마산치즈가루와 파슬리가루를 약간씩 뿌려 완성한다.

❸-1

❸-2

❼

❽

영상 QR코드
자세한 요리 영상과 함께 더욱 쉽게 요리해보세요.

063

양배추비빔만두

출출한 밤을 책임질 No.1 야식 한 접시, 양배추비빔만두입니다. 지글지글 노릇하게 구운 군만두에 매콤새콤 아삭한 채소무침을 곁들이면 끝! 군만두의 근사한 변신을 만나보세요.

난이도 ●○○
조리 시간 25분

재료(2인분)

냉동 만두 15개
양배추 80g
적양배추 40g
양파 1/4개(50g)
당근 1/8개(50g)
깻잎 2장
무순 1/4팩(20g)
식용유 약간

양념

고추장 2.5큰술
식초 2큰술
올리고당 1큰술
맛술 1큰술
설탕 1/2큰술
다진 마늘 1/2큰술
참기름 1/2큰술
간장 1/3작은술
후춧가루 약간

만드는 법

1 양배추와 적양배추는 6cm 정도 길이로 곱게 채 썬다. 양파와 당근도 곱게 채 썬다.
2 깻잎은 돌돌 말아 채 썰고 무순은 끝부분을 살짝 잘라내어 준비한다.
3 볼에 분량의 양념 재료를 넣고 섞어 준비한다.
4 넓은 볼에 양배추, 적양배추, 양파, 당근, 깻잎, 무순을 넣고 양념을 넣어 고루 버무린다.
    └ 시간이 지날수록 물이 생길 수 있으니 먹기 직전에 버무리는 것이 좋아요.
5 중약불로 달군 팬에 식용유를 넉넉히 두르고 만두를 노릇하게 구운 뒤 키친타월에 올려 기름기를 제거한다.
6 접시에 구운 만두와 버무린 채소를 함께 담아 완성한다.

 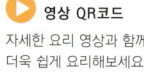 영상 QR코드
자세한 요리 영상과 함께
더욱 쉽게 요리해보세요.

064 훈제오리묵은지쌈밥

난이도 ●●○
조리 시간 25분
(묵은지 불리기 30분 제외)

시큼해진 묵은지를 200배 활용할 수 있는 레시피! 묵은지를 불려 쌈밥 재료로 활용해보세요. 묵은지의 새콤하고 개운한 맛이 식욕을 돋우고 훈제오리의 느끼함을 잡아줍니다. 나들이 도시락으로 활용하기에도 좋아요.

영상 QR코드
자세한 요리 영상과 함께
더욱 쉽게 요리해보세요.

재료(2인분/2줄)

밥 1.5공기(300g)
묵은지 6~8장(300g)
슬라이스훈제오리 12장
깻잎 6장
연겨자 약간

밥 밑간

깨소금 1큰술
참기름 1/2큰술

만드는 법

1 묵은지를 헹구어 양념을 털어낸 뒤 찬물에 30분 정도 담가 군내와 신맛을 뺀다.
　└ 묵은지의 신맛과 짠맛이 약간 남아 있는 정도로 불려주세요.
2 불린 묵은지를 건져 손으로 물기를 꼭 짠다.
　└ 물기를 충분히 짜주어야 쌈밥이 축축해지지 않아요.
3 고슬하게 지은 밥에 깨소금, 참기름을 넣고 고루 섞어 밑간한다.
4 중불로 달군 팬에 훈제오리를 올려 앞뒤로 노릇하게 구운 다음 키친타월에 올려 기름기를 제거한다.
5 도마에 묵은지 3~4장을 세로로 겹겹이 펼쳐 올린 뒤 아래쪽에 깻잎 3장을 반으로 접어 올리고 구운 훈제오리 1/2 분량을 올린다.
　└ 묵은지를 살짝씩 겹쳐 가로, 세로 20cm 정도 폭으로 펼쳐주세요.
6 밥 1/2 분량을 올려 모양을 잡은 뒤 돌돌 만다. 나머지 재료도 같은 방법으로 만든다.
　└ 돌돌 말 때 끝 부분이 터져 나오지 않도록 꾹꾹 눌러주세요.
7 1.5cm 정도 두께로 썰어 그릇에 담고 연겨자를 곁들여 완성한다.

065 오삼불고기

난이도 ●●○
조리 시간 20분

쫄깃한 오징어와 도톰한 삼겹살을 입맛 돋우는 고추장 양념에 달달 볶으면, 자꾸만 손이 가는 술안주로도, 밥 한 공기 순식간에 해치우는 밥도둑으로도 일품인 오삼불고기가 완성됩니다! 즐겁게 매운 한 접시를 만나보세요.

재료(2인분)

오징어 1마리
삼겹살 200g
양파 1/2개
양배추 50g
대파 1대
풋고추 1개
홍고추 1개
참기름 1/2큰술

돼지고기 밑간
청주 1큰술
소금 약간
후춧가루 약간

양념
고추장 3큰술
고춧가루 1큰술
간장 1큰술
다진 마늘 1큰술
설탕 1작은술
매실액 1작은술
(또는 설탕 1/2작은술)
다진 생강 1/3작은술

만드는 법

1. 오징어는 내장을 제거한 뒤 안쪽에 격자무늬로 칼집을 넣은 다음 세로로 반을 자르고 가로방향으로 도톰하게 썬다. 다리도 먹기 좋은 크기로 썬다.
   ㄴ 오징어는 몸통의 가로방향으로 썰어야 익은 후 돌돌 말리지 않아요.
2. 삼겹살은 앞뒤로 잔 칼집을 넣은 뒤 한입 크기로 썰고 밑간 재료를 넣어 밑간한다.
3. 양파와 양배추는 굵게 채 썰고 대파, 풋고추, 홍고추는 어슷 썬다.
4. 볼에 분량의 양념 재료를 넣고 섞어 양념을 준비한다.
5. 마른 팬을 중불로 달군 뒤 삼겹살을 넣고 앞뒤로 노릇하게 익힌 다음 양파와 양배추를 넣고 볶는다.
6. 양념을 넣고 섞어 잘 어우러지면 오징어를 넣고 센불로 올려 3분간 익힌 다음 대파, 풋고추, 홍고추를 넣고 1분 더 볶는다.
7. 참기름을 넣고 가볍게 버무린 뒤 불을 끄고 그릇에 담아 완성한다.

 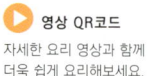 영상 QR코드
자세한 요리 영상과 함께 더욱 쉽게 요리해보세요.

066

두부피자

난이도 ●●○
조리 시간 20분

두부 한 모로 건강하고 고소한 피자 도우를 만들어보세요. 프라이팬에 바삭하게 구운 두부 도우에 베이컨, 양송이, 치즈 등등 좋아하는 토핑을 듬뿍! 쉽고 푸짐한 피자 한 접시가 완성됩니다.

재료(2인분/1판)

두부 도우
두부 200g
밀가루(강력분 또는 중력분) 70g
달걀 1개
소금 약간
파슬리가루 약간(선택)

양파 1/4개
청피망 1/4개
홍피망 1/4개
베이컨 2장
양송이버섯 1개
피자치즈 100g
시판 토마토소스 3큰술
다진 마늘 1작은술
소금 약간
후춧가루 약간
올리브유 약간

만드는 법

1 두부는 키친타월을 이용해 표면의 물기를 닦아낸 뒤 칼등으로 곱게 으깬다.
2 볼에 두부, 밀가루, 달걀, 소금 약간을 넣고 섞은 뒤 충분히 치대어 반죽을 만든다.
3 양파, 청피망, 홍피망은 채 썬다.
4 베이컨은 1cm 폭으로 썰고 양송이버섯은 얇은 껍질을 벗긴 뒤 슬라이스한다.
5 중불로 달군 팬에 올리브유를 약간 두른 뒤 다진 마늘을 넣고 1분간 볶는다.
6 채 썬 채소와 베이컨을 넣고 2분간 더 볶은 뒤 소금, 후춧가루로 간하고 그릇에 덜어둔다.
7 중불로 달군 팬에 올리브유를 넉넉히 두른 뒤 반죽을 올려 둥글게 모양을 잡아 펼친 다음 앞뒤로 3분씩 노릇하게 부친다.
8 약불로 줄여 윗면에 토마토소스를 고루 펴 바른 뒤 그 위에 볶은 재료와 피자치즈를 올린 다음 뚜껑을 닫고 10분간 익힌다.
9 치즈가 완전히 녹으면 그릇에 옮겨 담은 뒤 파슬리가루를 약간 뿌려 완성한다.

영상 QR코드
자세한 요리 영상과 함께 더욱 쉽게 요리해보세요.

067

훈제연어크림치즈브루스케타

난이도 ●●○
조리 시간 20분

입안에서 사르르 녹아내리는 훈제연어를 이용해 고운 핑크빛 핑거푸드를 만들어보세요. 바삭하게 구운 바게트에 크림치즈스프레드와 양파, 훈제연어, 케이퍼를 차곡차곡 쌓아올리면 근사한 와인 안주가 손쉽게 완성됩니다.

재료(2인분/8~10개)

호밀빵 또는 바게트 1/3개
훈제연어슬라이스 4~5장(100g)
레몬 1/4개
양파 1/4개
케이퍼 1작은술
딜 약간(선택)
소금 약간
후춧가루 약간

크림치즈스프레드

크림치즈 4큰술
플레인요거트 2작은술
다진 양파 2작은술
레몬즙 1작은술
홀스래디시소스 2/3작은술
다진 케이퍼 2/3작은술
다진 딜 약간(선택)

만드는 법

1. 빵은 두께 1cm, 길이 7cm 정도로 썬 다음 양면을 노릇하게 구워 한 김 식힌다.
2. 훈제연어는 키친타월로 가볍게 눌러 기름기를 제거한 뒤 반으로 자르고 레몬즙을 약간 뿌려둔다.
3. 양파는 곱게 채 썰어 찬물에 10분 정도 담가 매운맛을 뺀 다음 물기를 뺀다.
4. 볼에 분량의 크림치즈스프레드 재료를 넣고 섞어 준비한다.
5. 구운 빵 위에 스프레드를 얇게 펴 바른 다음 양파채 약간과 훈제연어 1조각씩을 올린다.
6. 소금, 통후춧가루를 약간씩 뿌린 뒤 케이퍼 2개와 딜 약간씩을 올려 완성한다.
   └ 딜 대신 영양부추, 어린잎 등을 활용해도 좋아요.

영상 QR코드
자세한 요리 영상과 함께
더욱 쉽게 요리해보세요.

068

바질페스토브루스케타

브루스케타는 납작하게 잘라 구운 빵 위에 각종 재료를 얹어 먹는 이탈리아의 전채 요리입니다. 하나씩 집어 들고 먹기에 좋아 홈 파티 메뉴로도, 간단한 와인 안주로도 좋아요. 향긋한 바질페스토와 상큼한 토마토, 고소한 치즈의 조합으로 눈도 입도 즐거운 브루스케타를 만들어보세요.

난이도 ●●○
조리 시간 20분

재료(2인분/8조각)
바게트 1/3개
방울토마토 10개
생 모차렐라치즈 100g
올리브유 약간
소금 약간
통후춧가루 약간

바질페스토
바질잎 1/2컵(약 12장)
올리브유 3큰술
파마산치즈가루 1.5큰술
잣 1큰술
마늘 1/2쪽
소금 약간
통후춧가루 약간

만드는 법

1　바게트는 가로로 반을 자른다.
2　방울토마토는 반으로 썬 뒤 올리브유, 소금, 통후춧가루를 약간씩 뿌려 버무린다.
3　생 모차렐라치즈는 0.5cm 두께로 둥글게 썬다.
4　믹서에 바질잎, 올리브유, 파마산치즈가루, 잣, 마늘, 소금, 통후춧가루를 넣고 곱게 갈아 바질페스토를 만든다.
5　빵 안쪽에 바질페스토를 고루 펴 바른다.
6　생 모차렐라치즈를 올리고 그 위에 방울토마토를 올린 뒤 200℃로 예열된 오븐에서 6분간 굽는다.
7　구운 바게트를 꺼내어 각각 4등분한 다음 그릇에 담아 완성한다.

HOME PARTY

069

만다린브루스케타

난이도 ●●○
조리 시간 20분
(오렌지 절이기 30분 제외)

오렌지의 싱그러움이 고스란히 담긴 만다린브루스케타로 반짝반짝 생기 가득한 식탁을 완성해보세요. 상큼함이 톡톡 터지는 오렌지와 새콤달콤한 요거트치즈스프레드가 입맛도 기분도 2배로 살려준답니다.

재료(2인분/8개)

치아바타 1개(또는 바게트 1/3개)
오렌지 3개
설탕 2큰술
페퍼민트 약간(선택)

스프레드
리코타치즈 100g
플레인요거트 1큰술
오렌지제스트 2작은술
소금 약간
통후춧가루 약간

만드는 법

1 빵은 두께 1cm, 길이 7cm 정도로 썬다.
2 중불로 달군 팬에 빵을 올려 양면을 노릇하게 구운 뒤 식힘망에 올려 한 김 식힌다.
3 (오렌지제스트) 깨끗이 씻은 오렌지 1개를 칼로 껍질을 얇게 벗긴 뒤 곱게 채 썰어 오렌지제스트 2작은술을 준비한다.
  └ 오렌지 안쪽의 흰 껍질은 쓴맛이 날 수 있으니 제거해주세요.
4 오렌지의 위아래를 약간씩 잘라내고 껍질을 벗긴 다음 과육만 도려내어 24조각을 준비한다.
5 볼에 오렌지과육과 설탕을 넣고 가볍게 버무려 30분 정도 절인다.
6 다른 볼에 리코타치즈, 플레인요거트, 오렌지제스트, 소금, 통후춧가루를 넣고 섞어 스프레드를 만든다.
7 빵 위에 스프레드를 펴 바른 뒤 절인 오렌지를 3~4개씩 올린다.
8 브루스케타를 그릇에 담고 페퍼민트를 약간씩 올려 완성한다.

070

난이도 ●●●
조리 시간 30분

갈릭쉬림프브루스케타

알록달록 예쁜 색감이 돋보이는 갈릭쉬림프브루스케타는 고소하고 담백한 아보카도, 알싸한 마늘, 매콤하게 구운 새우, 이 삼박자가 완벽한 조화를 이룬 요리랍니다. 이탈리안 선율을 타고 입안 가득 퍼지는 마법 같은 행복을 즐겨보세요.

재료(2인분/10개)

바게트 1/2개
(껍질을 벗긴)중하 20마리
와일드루꼴라 15g
페페론치노 1개
올리브유 약간
통후춧가루 약간

마늘오일
마늘 4쪽
올리브유 1큰술

아보카도스프레드
(완숙)아보카도 1개
라임 1/4개
소금 약간

새우 밑간
화이트와인 2큰술(또는 청주)
바질가루 1/4작은술
소금 약간
통후춧가루 약간

만드는 법

1. 바게트는 두께 1cm, 길이 7cm 정도로 어슷 썰어 10개를 준비한다.
2. 마늘을 곱게 다진 뒤 분량의 올리브유를 넣고 섞어 마늘 오일을 만든다.
   ㄴ 마늘은 바로 다져 사용해야 마늘의 신선한 향을 살릴 수 있어요.
3. 오븐팬에 종이호일을 깔고 간격을 띄워 바게트를 올린 다음 그 위에 마늘오일을 얇게 펴 바른다.
4. 200℃로 예열된 오븐에 넣고 8~10분간 구운 뒤 윗면이 노릇하게 구워지면 꺼내어 한 김 식힌다.
   ㄴ 약불로 달군 팬에 오일 바른 면을 아래로 올려 5~7분간 구워주어도 좋아요.
5. 페페론치노는 가위로 잘게 잘라 준비하고, 루꼴라는 찬물에 담가둔다.
6. 새우는 화이트와인, 바질가루, 소금, 후춧가루를 넣고 버무려 밑간한다.
7. 아보카도의 껍질을 벗겨 곱게 으깬 다음 분량의 라임즙, 소금을 넣고 섞어 스프레드를 만든다.
   ㄴ 덜 익은 아보카도는 잘게 썰어 전자레인지에서 30초 정도 부드럽게 익혀 사용하세요.
8. 중약불로 달군 팬에 올리브유를 약간 두른 뒤 페페론치노를 넣고 1분간 볶은 다음 새우를 넣고 중불로 올려 앞뒤로 노릇하게 5분 정도 구워 익힌다.
9. 바게트 위에 아보카도스프레드를 각각 얇게 펴 바른 뒤 루꼴라와 구운 새우를 나누어 올리고 통후춧가루를 약간씩 뿌려 완성한다.

 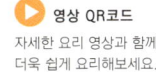
영상 QR코드
자세한 요리 영상과 함께
더욱 쉽게 요리해보세요.

아보카도 손질하기
① 아보카도에 길게 한 바퀴 칼집을 넣고 비틀어 반으로 가른다.
② 칼로 씨를 살짝 찍은 뒤 비틀어 돌려 씨를 제거한다.
③ 과육과 껍질 사이에 숟가락을 넣어 껍질을 벗긴다.

HOME PARTY

후다닥 가벼운

다이어트 한 그릇 10

—

071	명란아보카도덮밥	178
072	부추달걀비빔밥	180
073	두부오믈렛	182
074	연어샌드위치	184
075	주키니파스타	186
076	방울토마토그린빈샐러드	188
077	연두부샐러드	190
078	마늘소고기샐러드	192
079	오이냉국국수	194
080	파프리카월남쌈	196

071

명란아보카도덮밥

짭조름한 명란젓과 고소한 아보카도의 만남! 따끈한 밥 위에 올리면 고소함이 톡톡 터지는 매력의 비빔밥이 완성됩니다. 산뜻한 색감이 기분까지 좋아지게 하는 명란아보카도덮밥으로 건강한 하루를 시작해보세요.

난이도 ●●○
조리 시간 25분

재료(2인분)

밥 2공기(400g)
명란젓 2개
달걀 2개
아보카도 1개
양파 1/4개
채 썬 김 약간
참기름 1큰술
깨소금 1큰술

만드는 법

1. 명란젓에 길게 칼집을 넣은 다음 칼등으로 긁어 막을 제거하고 알을 발라낸다.
2. 양파는 곱게 채 썰어 찬물에 10분 정도 담가 아린맛을 뺀다.
3. 아보카도는 껍질을 벗긴 뒤 1cm 크기로 썬다.
   ┖ 덜 익은 아보카도는 전자레인지에서 30초 정도 부드럽게 익혀 사용하세요.
4. 달걀은 수란 또는 달걀프라이를 만들어 준비한다.
5. 그릇에 밥을 담고 아보카도, 양파, 명란, 채 썬 김, 수란을 올린 뒤 참기름과 깨소금을 뿌려 완성한다.

수란 만들기

① 달걀은 컵에 각각 깨어 준비한다.
② 냄비에 물 1L를 끓인 뒤 소금 1.5큰술을 녹인 다음 중약불로 줄인다.
   ┖ 소금은 달걀의 응고를 도와 수란을 깔끔하게 만들 수 있도록 도와줘요.
③ 물을 한쪽 방향으로 저어준 다음 가운데 달걀 1개를 넣고 그대로 3분간 익힌다.
④ 익힌 수란을 건져두고 남은 달걀도 같은 방법으로 만든다.

영상 QR코드
자세한 요리 영상과 함께 더욱 쉽게 요리해보세요.

072 부추달걀비빔밥

난이도 ●○○
조리 시간 10분

산뜻한 봄빛을 닮은 부추와 달걀로 초간단 비빔밥을 만들어보세요. 송송 썬 영양부추와 신선한 달걀노른자, 고소한 향 은은히 번지는 간장 양념장이면 준비 끝. 저칼로리 다이어트 한 끼로도, 바쁜 아침 간편한 식사로도 제격이에요.

재료(2인분)
밥 2공기(400g)
영양부추 20g
달걀(노른자) 2개

양념장
간장 2작은술
참기름 1작은술
깨소금 1작은술
후춧가루 약간

만드는 법

1 영양부추는 뿌리 끝을 살짝 잘라내고 송송 썬다.
2 달걀은 깨어 노른자만 준비한다.
  └ 신선한 달걀을 사용하는 것이 좋아요.
3 볼에 분량의 양념장 재료를 넣고 섞어 준비한다.
4 밥 위에 영양부추와 달걀노른자를 올린 다음 양념장을 곁들여 완성한다.

영상 QR코드
자세한 요리 영상과 함께
더욱 쉽게 요리해보세요.

181

073 두부오믈렛

난이도 ●●○
조리 시간 20분

오믈렛에 밥 대신 두부를 채워 넣어 칼로리 걱정은 반으로, 보들보들 촉촉한 식감은 두 배로 살린 두부오믈렛을 만들어보세요. 고소하고 담백한 두부에 토마토와 치즈로 맛과 영양까지 알차게 채운 건강 한 그릇이랍니다.

재료(2인분/2개)

두부 1/2모
달걀 5개
토마토 1/2개
대파 1/2대(5cm)
피자치즈 4큰술
우유(또는 물) 3큰술
버터(또는 식용유) 1큰술
소금 1/2작은술
후춧가루 약간
토마토케첩 약간

만드는 법

1 두부는 칼 옆면으로 곱게 으깬다.
2 토마토는 1cm 크기로 작게 썰고 대파는 잘게 다진다.
3 볼에 으깬 두부, 토마토, 대파, 피자치즈, 소금, 후춧가루를 넣고 섞어 준비한다.
4 다른 볼에 달걀을 깨어 넣은 뒤 우유, 소금, 후춧가루를 넣고 곱게 푼다.
5 약불로 달군 팬에 버터를 녹인 뒤 달걀물 1/2 분량을 붓고 저어가며 익힌다.
　└ 코팅이 벗겨지지 않은 팬을 사용하는 것이 좋아요.
6 달걀이 반 정도 익으면 가운데에 버무린 재료 1/2 분량을 올린다.
7 오믈렛을 팬 한쪽 끝으로 천천히 밀어준 뒤 가장자리를 접어 타원형 모양을 만들고 3분 정도 더 익힌다.
8 뒤집어 1분 정도 더 익힌다. 나머지 1개도 같은 방법으로 만든다.
　└ 안쪽까지 열이 고루 전달되도록 약불에서 서서히 익혀주세요.
9 접시에 오믈렛을 담고 토마토케첩을 곁들여 완성한다.

074 연어샌드위치

난이도 ●○○
조리 시간 20분

연어 통조림 한 캔으로 간편하고 담백한 샌드위치를 만들어보세요. 노릇하게 구워낸 식빵과 고소한 연어, 아삭한 양상추와 건강한 양파가 만나 입안에서 즐거운 왈츠를 춘답니다.

재료(2인분)

곡물식빵 4장
통조림 연어 1캔(135g)
양파 1/4개
토마토 1개
양상추 4장

소스

크림치즈 2큰술
씨겨자 2큰술
마요네즈 1큰술
식초 1/2큰술
설탕 1/2작은술
후춧가루 약간

만드는 법

1 식빵은 앞뒤로 노릇하게 구운 뒤 식힘망에 올려 한 김 식힌다.
2 연어는 체에 밭쳐 기름기를 뺀다.
 └ 연어 대신 같은 양의 참치를 활용해도 좋아요.
3 양파는 잘게 다지고 토마토는 반으로 썰어 꼭지를 제거한 뒤 1cm 두께로 슬라이스한다.
4 깨끗이 씻은 양상추는 키친타월에 올려 물기를 닦아낸다.
5 볼에 통조림 연어, 다진 양파와 분량의 소스 재료를 넣고 섞어 준비한다.
6 도마에 식빵을 올린 뒤 버무린 재료-토마토-양상추 순으로 올린다.
7 남은 식빵으로 덮어 가볍게 눌러준 뒤 먹기 좋은 크기로 썰고 그릇에 담아 완성한다.

075

주키니파스타

난이도 ●○○
조리 시간 20분

여름 대비 다이어트를 꿈꾼다면, 밀가루 파스타 대신 호박으로 만드는 주키니파스타에 도전해보세요. 식이섬유, 칼륨, 비타민 C 등 영양소가 풍부한 주키니호박은 100g당 14kcal의 낮은 칼로리로 다이어트에 특히 좋은 식재료랍니다.

재료(2인분)

주키니호박 2개
방울토마토 6개
바질잎 10장
마늘 3쪽
올리브유 3큰술
파마산치즈가루 1.5큰술
잘게 썬 페페론치노 1/4작은술
소금 약간
통후춧가루 약간

만드는 법

1 주키니호박은 위아래 밑동을 잘라낸 다음 가운데 씨부분을 제외한 나머지 부분을 필러로 길게 슬라이스한다.
　└ 가운데 씨 부분은 수분이 많아 쉽게 무르고 끊어져요. 면으로 활용할 때에는 바깥 부분만 사용해야 씹는 식감을 살릴 수 있어요.
2 슬라이스한 주키니호박을 겹겹이 놓고 반으로 접어 길게 채 썬다.
　└ 너무 얇게 썰면 숨이 금방 죽어 식감이 사라지므로 0.3~0.5cm 두께로 썰어주세요.
3 방울토마토는 4등분하고 마늘은 잘게 다진다.
4 중불로 달군 팬에 올리브유 3큰술을 두른 뒤 다진 마늘과 페페론치노를 넣고 1분간 볶는다.
5 마늘이 노릇하게 볶아지면 주키니호박과 방울토마토를 넣고 2분간 볶는다.
6 주키니호박의 숨이 살짝 죽으면 파마산치즈가루와 바질잎을 넣고 버무린 뒤 소금과 통후춧가루로 간한다.
7 불을 끄고 파스타를 그릇에 담아 완성한다.

영상 QR코드
자세한 요리 영상과 함께
더욱 쉽게 요리해보세요.

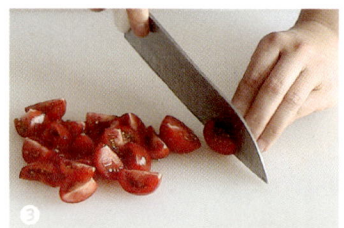

076 방울토마토그린빈샐러드

난이도 ●○○
조리 시간 20분

그린빈은 단백질과 식이섬유가 풍부해 다이어트에 효과적인 식재료랍니다. 고소한 그린빈과 상큼한 방울토마토, 여기에 알싸하게 씹히는 씨겨자드레싱을 더해 싱그러운 샐러드 한 그릇을 완성해보세요.

재료(2인분)

방울토마토 20개
그린빈 15~20개
바질잎 10장
소금 약간

씨겨자드레싱

올리브유 3큰술
과일식초 2큰술
설탕 1큰술
씨겨자 2작은술
소금 1/4작은술
통후춧가루 약간

만드는 법

1 끓는 물(센불)에 소금을 약간 넣은 뒤 그린빈을 넣고 1분간 데친다.
　└ 그린빈이 휘어지는 정도로 데쳐 익혀주세요.
2 그린빈을 건져 찬물에 헹구고 물기를 뺀 다음 먹기 좋은 크기로 2~3등분한다.
3 방울토마토는 반으로 자르고 바질은 작게 썰어 준비한다.
4 볼에 분량의 드레싱 재료를 넣고 섞어 준비한다.
5 넓은 볼에 방울토마토와 그린빈을 담고 드레싱을 뿌려 고루 섞은 뒤 바질잎을 넣고 가볍게 버무린다.
6 샐러드를 그릇에 담아 완성한다.

> **다양한 재료로 응용해보세요.**
> 씨겨자드레싱은 닭가슴살, 훈제연어, 두부, 치즈와도 잘 어울려요. 입맛에 맞는 재료를 더해 나만의 샐러드를 만들어보세요.

 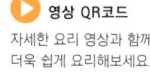
영상 QR코드
자세한 요리 영상과 함께
더욱 쉽게 요리해보세요.

188　DIET

077

연두부샐러드

난이도 ●○○
조리 시간 15분

부드럽고 소화가 잘 되는 연두부에 고소하고 담백한 참깨드레싱을 곁들여 맛있고 건강한 샐러드를 만들어보세요. 균형 잡힌 다이어트 식단으로 최고, 가벼운 아침 식사로도 좋아요.

재료(2인분)

연두부 2팩(250g)
샐러드 채소 150g
(양상추, 라디치오, 비타민 등)
오이 1/2개
무순 약간(선택)
가쓰오부시 약간(선택)

참깨드레싱

통깨 4큰술
맛술 3큰술
국간장 2큰술
설탕 2작은술
다진 파 1작은술
포도씨유 1.5큰술
(또는 카놀라유)

만드는 법

1 샐러드 채소는 싱싱해지도록 찬물에 10분 정도 담갔다가 물기를 빼고 먹기 좋은 크기로 뜯어 준비한다.
  └ 채소의 물기를 최대한 털어주어야 드레싱이 겉돌지 않아요.
2 연두부는 키친타월 위에 올려 물기를 빼둔다.
3 오이는 길게 반으로 썬 뒤 반달모양으로 썰고 무순은 밑동을 살짝 잘라낸다.
4 믹서에 분량의 드레싱 재료를 넣고 곱게 갈아 참깨드레싱을 만든다.
5 접시에 샐러드 채소와 오이를 섞어 담고 가운데에 연두부를 올린다.
6 그 위에 참깨드레싱을 끼얹은 뒤 무순과 가쓰오부시를 올려 완성한다.

❷

❸

❹

❻

078 마늘소고기샐러드

난이도 ●●○
조리 시간 25분

가끔은 다이어트도 맛있고 특별하게 즐겨보아요! 풍부한 단백질과 비타민으로 영양은 골고루, 저지방 재료들로 기분 좋은 포만감까지. 든든하고 건강한 다이어트 한 그릇이랍니다.

재료(2인분)

소고기(안심 또는 등심) 400g
샐러드용 채소 180g
(양상추, 어린잎 등)
오렌지 1/2개
마늘 6쪽
화이트와인(또는 청주) 1/2큰술
바질가루 약간(선택)
소금 약간
후춧가루 약간
올리브유 약간

마늘간장드레싱

올리브유 1.5큰술
간장 1.5큰술
사과식초 1.5큰술
다진 마늘 1/2큰술
설탕 2/3작은술
다진 생강 1/4작은술(선택)
소금 약간
후춧가루 약간

만드는 법

1 샐러드 채소는 깨끗이 씻어 물기를 털어내고 한 입 크기로 뜯어 준비한다.
2 오렌지는 6등분하여 과육만 도려낸다.
3 마늘은 얇게 슬라이스한 뒤 찬물에 10분 정도 담가 아린맛을 제거한 다음 체에 밭쳐 물기를 뺀다.
4 믹서에 분량의 마늘 간장드레싱재료를 넣고 곱게 갈아 드레싱을 완성한다.
　ㄴ 드레싱에 사용되는 마늘은 바로 다져 사용해야 신선한 맛을 낼 수 있어요.
5 소고기는 키친타월을 이용해 핏물을 제거한 다음 한 입 크기로 썬다.
　ㄴ 힘줄과 지방질을 제거하며 썰어주세요.
6 중약불로 달군 팬에 올리브유를 약간 두른 뒤 마늘을 넣고 노릇하게 구운 다음 키친타월에 올려 기름기를 제거한다. (*팬에 마늘오일은 그대로 둔다.)
7 팬을 센불로 달군 뒤 마늘오일에 소고기를 넣고 굴려가며 겉면을 익힌다.
8 화이트와인, 바질가루, 소금, 후춧가루를 넣고 1분간 더 익힌 뒤 그릇에 덜어둔다.
9 그릇에 샐러드 채소를 담고 소고기, 오렌지, 구운 마늘을 올린 뒤 드레싱을 곁들여 완성한다.

영상 QR코드
자세한 요리 영상과 함께 더욱 쉽게 요리해보세요.

193

079 오이냉국국수

난이도 ●○○
조리 시간 20분
(다시마 우리기 30분 제외)

미역은 100g당 10kcal 정도로 칼로리는 거의 없고 수용성 식이섬유와 미네랄이 풍부해 다이어트에 효과적인 식재료랍니다. 아삭하고 청량한 오이냉국에 탱글하게 삶은 소면을 말아 저칼로리 국수 한 그릇을 만들어보세요.

재료(2인분)

소면 2인분(200g)
오이 1/2개
미역 5g
다시마 5장(5x5cm)
홍고추 1개
통깨 약간
얼음 1컵
생수 1L

국물 양념

식초 6큰술
설탕 2큰술
국간장 1.5큰술
소금 2작은술
다진 마늘 1작은술

만드는 법

1. 생수(1L)에 다시마(5장)를 넣고 30분 정도 우린다.
2. 미역은 미지근한 물에 담가 10분 정도 불린다.
   └ 미역을 불리면 10배 정도의 부피로 늘어나니 넉넉한 물에 담가 불려주세요.
3. 끓는 물(센불)에 불린 미역을 넣고 20초간 데친 뒤 찬물에 헹군다.
   └ 미역을 살짝 데쳐 사용하면 특유의 비린내를 제거할 수 있어요.
4. 데친 미역의 물기를 꼭 짠 뒤 먹기 좋은 크기로 썬다.
5. 오이는 가늘게 채 썰고 홍고추는 송송 썬다.
6. 다시마 우린 물의 다시마를 건져낸 뒤 분량의 국물 양념 재료를 넣어 간한다.
   └ 신선한 마늘을 바로 다져 사용해야 국물에 군내가 나지 않아요.
7. 끓는 물(센불)에 소면을 넣고 3~4분간 삶은 뒤 찬물에 헹구고 물기를 뺀다.
8. 그릇에 면을 담고 육수를 부은 뒤 오이, 미역, 홍고추를 올린다.
9. 통깨를 약간 뿌리고 얼음을 곁들여 완성한다.

영상 QR코드
자세한 요리 영상과 함께
더욱 쉽게 요리해보세요.

080

파프리카월남쌈

난이도 ●●○
조리 시간 25분

닭가슴살 통조림과 상큼한 파프리카면 알록달록 근사한 월남쌈 만들기 어렵지 않아요. 눈으로 한 번 반하고 맛에 한 번 더 반하는 파프리카월남쌈으로 맛과 건강을 모두 잡아보세요.

재료(2인분/10개)

라이스페이퍼 10장
통조림 닭가슴살 1캔(135g)
빨강파프리카 1/2개
노랑파프리카 1/2개
오이 1/3개
양파 1/4개
무순 1/3팩
월남쌈소스 약간
땅콩소스 약간

만드는 법

1 파프리카는 7cm 정도 길이로 가늘게 채 썬다.
2 오이는 가운데 씨 부분을 제거하고 파프리카와 같은 길이로 채 썬다.
3 양파는 곱게 채 썰고 무순은 밑동을 살짝 잘라 준비한다.
4 닭가슴살 통조림은 체에 받쳐 물기를 뺀다.
5 따뜻한 물(40~50℃)에 라이스페이퍼 1장을 담갔다가 꺼내어 접시 위에 올린다.
   └ 뜨거운 물을 준비해 중간중간 더하며 온도를 맞춰주는 것이 좋아요.
6 라이스페이퍼 위에 빨강파프리카, 노랑파프리카, 오이, 양파, 무순, 닭가슴살을 올린 다음 감싸 돌돌 말아준다. 나머지도 같은 방법으로 만든다.
7 월남쌈을 접시에 담은 뒤 월남쌈소스와 땅콩소스를 곁들여 완성한다.

직접 만드는 월남쌈소스 & 땅콩소스

1. **월남쌈소스** : 설탕 1.5큰술, 물 1.5큰술, 피시소스 1큰술, 레몬즙 1큰술, 물엿 1큰술, 다진 청양고추 1/2작은술, 다진 홍고추 1/2작은술, 토마토케첩 1/3작은술
2. **땅콩소스** : 땅콩버터 1.5큰술, 머스터드소스 1큰술, 꿀 1큰술, 레몬즙 1큰술, 마요네즈 1/2큰술, 간장 1/2큰술

①

④

⑥-1

⑥-2

 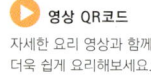
영상 QR코드
자세한 요리 영상과 함께 더욱 쉽게 요리해보세요.

후다닥 건강한
간식 한 그릇 20

—

081 고구마맛탕 ········ 200	091 김치치즈전 ········ 220
082 국물떡볶이 ········ 202	092 흑임자참치말이 ······ 222
083 두부전 ············ 204	093 떡꼬치 ············ 224
084 크림떡볶이 ········ 206	094 양파짜장떡볶이 ······ 226
085 두부맛탕 ·········· 208	095 떠먹는피자 ········ 228
086 감자전 ············ 210	096 새우애호박전 ······ 230
087 콘치즈 ············ 212	097 반건조오징어버터구이 ···· 232
088 감자샐러드 ········ 214	098 식빵핫도그 ········ 234
089 고구마치즈스틱 ···· 216	099 식빵애플파이 ······ 236
090 묵은지마약김밥 ···· 218	100 견과류시리얼바 ······ 238

081

고구마맛탕

난이도 ●○○
조리 시간 25분

기름에 튀기지 않아도 바삭한 매력을 그대로, 건강하게 버무린 고구마맛탕입니다. 전자레인지에 반쯤 익힌 고구마를 최소한의 기름만으로 바삭하게 볶아 달달한 소스에 버무리면 완성. 자꾸만 손이 가는 온 가족 건강 간식이랍니다.

재료(2인분)
고구마 2개(500g)
식용유 2큰술
검은깨 약간(선택)

시럽
설탕 1큰술
꿀(또는 물엿) 1큰술
맛술 1큰술
간장 1작은술

만드는 법

1. 고구마는 껍질을 벗겨 2~3cm 크기로 썬 다음 찬물에 10분 정도 담가 전분기를 뺀다.
   ㄴ 고구마의 전분기를 빼주어야 쉽게 부서지지 않고 바삭하게 익힐 수 있어요.
2. 볼에 분량의 시럽 재료를 넣고 섞어 준비한다.
3. 고구마를 체에 밭쳐 물기를 뺀 다음 전자레인지용 그릇에 담고 랩을 씌운 뒤 윗면에 이쑤시개로 구멍을 3~4군데 뚫는다.
4. 전자레인지에 넣고 5분간 돌려 반 정도 익힌 다음 면포(또는 키친타월)을 이용해 물기를 닦아 준비한다.
   ㄴ 표면의 물기를 닦아주어야 볶을 때 기름이 튀지 않아요.
5. 중불로 달군 팬에 식용유를 두른 뒤 고구마를 넣고 10분간 볶는다.
6. 고구마 겉면이 노릇하게 익으면 중약불로 줄인 뒤 섞어둔 시럽 재료를 넣고 2분간 더 볶는다.
7. 불을 끄고 그릇에 담은 뒤 검은깨를 약간 뿌려 완성한다.

영상 QR코드
자세한 요리 영상과 함께
더욱 쉽게 요리해보세요.

082 국물떡볶이

입이 심심한 밤, 출출함을 이기는 간식으로 떡볶이만 한 게 없죠. 매운맛이 덜해 국물까지 떠먹기 좋은 든든한 국물떡볶이를 집에서도 간단하게 만들어보세요. 새빨간 고추장 양념과 쫄깃한 떡, 야들야들한 어묵이 만나 보글보글~ 보기만 해도 침샘 자극하는 별미 한 접시가 완성됩니다.

난이도 ●○○
조리 시간 25분

재료(2인분)
떡볶이 떡 2컵(300g)
사각 어묵 2장
양파 1/2개
대파 1대(10cm)
물 4컵
삶은 달걀 1개(선택)

양념
고추장 2큰술
올리고당 2큰술
고춧가루 1.5큰술
간장 1큰술
설탕 1큰술
다진 마늘 1/2큰술
멸치액젓 1작은술

만드는 법

1 떡은 찬물에 가볍게 헹구고 물기를 뺀다.
  └ 냉동된 떡을 사용할 경우 살짝 데쳐 찬물에 헹군 뒤 사용하세요.
2 어묵은 반으로 잘라 1cm 폭으로 썰고 양파는 굵게 채 썬다.
3 대파는 5cm 길이로 잘라 굵게 채 썰고 삶은 달걀은 반으로 썬다.
4 볼에 분량의 양념 재료를 넣고 섞어 준비한다.
5 냄비에 물을 넣고 센불에서 끓여 끓기 시작하면 양념을 풀어 넣은 뒤 떡볶이 떡, 어묵, 양파, 대파를 넣고 끓인다.
  └ 중간중간 떠오르는 거품을 걷어가며 끓여주세요.
6 한 번 더 끓어오르면 중불로 줄이고 5분간 더 끓인다.
  └ 떡이 눌어붙지 않도록 저어가며 끓여주세요.
7 떡볶이를 그릇에 담고 삶은 달걀을 올려 완성한다.

203

083

두부전

난이도 ●●○
조리 시간 25분

'밭에서 나는 소고기' 두부에 채소를 듬뿍 넣고 버무려 지글지글 노릇하게 부쳤어요. 부드럽고 고소한 두부 속 쫄깃하게 씹히는 새송이버섯과 항긋한 깻잎이 먹는 즐거움을 더해 자꾸만 손이 가는 한 접시랍니다.

재료(2인분/한 뼘 크기 4장)

두부 1모(300g)
양파 1/4개(50g)
당근 1/5개(30g)
새송이버섯 40g
(*작은 것 1개, 큰 것 1/2개)
깻잎 4~5장
달걀 1개
밀가루 5큰술
깨소금 2작은술
참기름 2작은술
소금 1/2작은술
후춧가루 약간
식용유 약간

양념간장 더하기⁺

간장 1큰술
식초 1작은술
설탕 1작은술

만드는 법

1 두부는 키친타월을 이용해 물기를 닦아낸 뒤 칼등으로 곱게 으깬다.
2 양파, 당근, 새송이버섯은 잘게 다진다.
  ┗ 채소를 잘게 다져주어야 반죽의 모양을 잡을 때 쉽게 갈라지지 않아요.
3 깻잎은 꼭지를 잘라낸 뒤 길게 2~3등분 하고 돌돌 말아 곱게 채 썬다.
4 볼에 두부, 잘게 썬 채소, 달걀, 밀가루, 깨소금, 참기름, 소금, 후춧가루를 넣고 고루 섞는다.
5 중불로 달군 팬에 식용유를 약간 두른 뒤 반죽 1/4 분량씩 올리고 1cm 정도 두께로 둥글 납작하게 모양을 잡는다.
6 양면을 노릇하게 부친 다음 키친타월에 올려 기름기를 제거한다.
7 그릇에 담고 기호에 따라 간장 또는 양파간장을 곁들여 완성한다.

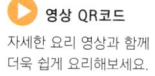

084
크림떡볶이(까르보나라떡볶이)

2인분   난이도 ●○○   조리 시간 20분

떡볶이 떡 2컵(300g)   다진 마늘 1/2큰술   **매콤함 더하기⁺**
양파 1/4개   파마산치즈가루 1/2큰술   송송 썬 청양고추 1/2~1개
슬라이스햄 5장   소금 약간
슬라이스치즈 2장   후춧가루 약간
우유 1.5컵(300ml)   올리브유 약간

만드는 법

1 떡은 찬물에 가볍게 헹구고 물기를 뺀다.
   └ 냉동된 떡을 사용할 경우 살짝 데쳐 찬물에 헹군 뒤 사용하세요.
2 양파는 굵게 다지고 슬라이스햄은 4등분 한다.
3 중불로 달군 팬에 올리브유를 약간 두른 뒤 다진 마늘을 넣고 1분간 볶다가 양파를 넣고 슬라이스햄을 하나씩 떼어 넣은 뒤 2분간 더 볶는다.
4 양파와 햄이 노릇하게 볶아지면 우유를 넣고 끓여 끓기 시작하면 떡볶이 떡을 넣고 3분간 더 끓인다.
   └ 청양고추로 매콤한 맛을 더할 경우 떡을 넣을 때 함께 넣어주세요.
5 슬라이스치즈, 파마산치즈가루를 넣고 고루 저어 녹인다.
6 농도가 걸쭉해지면 소금, 후춧가루로 간한 뒤 그릇에 담아 완성한다.

❸

❹

❺

❻

국민간식 떡볶이의 새하얀 변신! 맵고 자극적인 맛을 거두고
부드러움을 더한 크림떡볶이는 담백하고 고소한 맛이 일품이랍니다.

영상 QR코드
자세한 요리 영상과 함께
더욱 쉽게 요리해보세요.

085 두부맛탕

난이도 ●●○
조리 시간 30분

두부에서 꿀맛이 나요! 두부를 바삭하게 튀겨 달콤한 맛탕소스에 버무리면 겉은 바삭하고 속은 부드럽고 촉촉한 매력의 이색 간식으로 탄생해요. 두부맛탕으로 온 가족이 함께 즐거운 간식 타임을 즐겨보세요.

재료(2인분)

두부(부침용) 1모
전분가루 1/3컵
소금 약간
식용유 적당량
검은깨 약간(선택)

시럽

설탕 3큰술
물엿 2큰술
맛술 1큰술
식용유 1큰술
간장 1작은술

만드는 법

1 두부는 2cm 폭으로 썰어 키친타월 위에 올리고 소금을 약간 뿌려 5분간 둔다.
2 비닐백에 감자전분과 두부를 넣고 흔들어 전분옷을 고루 입힌다.
3 팬에 두부가 반쯤 잠길 정도의 식용유를 붓고 170℃로 달군 뒤 두부를 넣고 튀겨 색이 나기 시작하면 키친타월에 건져 한 김 식힌다.
   └ 두부가 서로 붙지 않도록 간격을 띄워 하나씩 넣어주세요.
4 식용유를 180℃로 한 번 더 달구어 두부를 넣고 노릇하게 튀긴 다음 키친타월에 건져 기름기를 제거한다.
   └ 두 번에 나누어 튀겨주면 더욱 바삭바삭하게 튀길 수 있어요.
5 팬에 시럽 재료를 넣고 저어준 뒤 약불에서 살짝 끓여 시럽이 끓기 시작하면 두부를 넣고 재빨리 버무린다.
   └ 시럽에 식용유를 약간 넣어주면 식은 후에도 맛탕이 서로 달라붙지 않아요.
   └ 식으면서 시럽 농도가 진해지기 때문에 약간 묽은 정도에서 불을 꺼주세요.
6 두부 맛탕을 그릇에 담고 검은깨를 약간 뿌려 완성한다.

> **바삭한 두부 맛탕, 요리 후 바로 드세요.**
> 두부 맛탕은 시간이 지날수록(3시간 이상) 두부 속 수분이 흘러나와 바삭함이 줄고 눅눅해질 수 있어요. 먹을 만큼만 요리해 바삭할 때 바로 먹는 것이 좋아요.

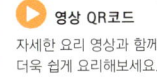
영상 QR코드
자세한 요리 영상과 함께
더욱 쉽게 요리해보세요.

DESSERT

086

감자전

난이도 ●○○
조리 시간 25분

겉은 바삭 속은 쫀득한 식감이 매력인 감자전은 힘은 들어도 역시 강판에 갈아야 제맛인 것 같아요. 윗물은 따라내고 소금만 약간 넣어 노릇하게 구우면 완성! 고소하고 쫀득한 감자의 매력에 푹 빠져보세요.

재료(2인분)

감자(중) 4개(600g)
소금 1/2작은술

양념간장 더하기⁺

간장 2큰술
식초 2작은술
설탕 2작은술
송송 썬 홍고추 1/2개(선택)
송송 썬 청고추 1/2개(선택)

만드는 법

1 감자는 껍질을 벗겨 강판에 곱게 간다.
2 ①을 체에 밭쳐 수분이 빠지고 앙금이 가라앉도록 그대로 10분간 둔다.
3 윗물은 버리고 가라앉은 앙금에 갈아둔 감자와 소금을 넣고 섞어 반죽한다.
4 볼에 분량의 양념간장 재료를 넣고 섞어 준비한다.
5 중약불로 달군 팬에 식용유를 넉넉히 두른 뒤 반죽을 1/3 분량씩 얇게 펼쳐 올린 다음 앞뒤로 노릇하게 부친다.
  ㄴ 팬에 기름을 넉넉히 두르고 익혀야 눌어붙지 않고 바삭하게 익힐 수 있어요.
  ㄴ 한 뼘 이하의 크기로 부치면 가운데까지 바삭하게 구울 수 있어요.
6 감자전을 그릇에 담고 양념간장을 곁들여 완성한다.

믹서 활용하기

감자(600g)의 껍질을 벗겨 4~6등분 합니다. 물 1/2컵과 함께 믹서에 넣고 곱게 갈아준 다음 위 ②~⑥번 과정과 동일한 방법으로 완성합니다.

❷

❸-1

❸-2

❺

영상 QR코드
자세한 요리 영상과 함께
더욱 쉽게 요리해보세요.

087

콘치즈

한 번 먹기 시작하면 멈출 수 없는 마성의 그 맛, 콘치즈! 요리에 소질이 없어도, 주방이 좁아도 쉽게 만들 수 있는 초간단 별미 간식이랍니다. 고소함이 톡톡 터지는 콘치즈의 매력에 푹 빠져보세요.

난이도 ●○○
조리 시간 20분

재료(2인분)

캔 옥수수 200g
피자치즈 50g
슬라이스햄 2장
양파 1/2개
마요네즈 3큰술
버터 1/2큰술
소금 약간
후춧가루 약간

만드는 법

1 옥수수는 체에 밭쳐 물기를 빼고, 양파와 슬라이스햄은 잘게 썬다.
2 중불로 달군 팬에 버터를 녹인 뒤 양파, 슬라이스햄, 옥수수를 넣고 1분간 볶은 다음 마요네즈, 소금, 후춧가루를 넣어 간한다.
3 **#팬에 완성하기_** 볶은 재료 위에 피자치즈를 고루 뿌리고 뚜껑을 덮어 3분간 익힌 다음 치즈가 부드럽게 녹으면 불을 끈다.
　#전자레인지로 완성하기_ 전자레인지용 그릇에 볶은 재료를 담은 뒤 전자레인지에 넣고 치즈가 녹을 정도로 2~3분 정도 돌린다.
　└ 기호에 따라 바게트를 곁들이거나 식빵 위에 올려 샌드위치로 즐겨도 좋아요.

❷-1

❷-2

❸-1

❸-2

088
감자샐러드

2인분　난이도 ●○○　조리 시간 25분

감자(중) 3개(400g)
슬라이스햄 2장
오이(또는 오이피클) 1/3개
양파 1/5개(20g)
당근 1/8개(20g)
소금 약간

오이 절임물
물 1/2컵
소금 1작은술

양념
마요네즈 5큰술
설탕 1작은술
소금 1/2작은술
후춧가루 약간

만드는 법

1 냄비에 감자와 감자가 잠길 정도의 물을 붓고 소금을 약간 넣어 삶는다.
2 삶은 감자의 껍질을 벗겨 곱게 으깬 다음 마요네즈, 설탕, 소금, 후춧가루를 넣고 고루 섞는다.
3 오이는 가운데 씨부분을 제거한 뒤 납작하게 썰고 분량의 오이 절임물에 넣어 5~10분 정도 절인다.
　└ 오이는 수분이 많아 살짝 절여 수분을 제거하고 사용해야 나중에 물이 생기지 않아요.
4 절인 오이를 찬물에 가볍게 헹구고 키친타월에 올려 남은 물기를 제거한다.
5 오이, 햄, 양파, 당근을 잘게 썬다.
6 으깬 감자에 손질한 햄과 채소를 넣고 고루 버무려 감자샐러드를 완성한다.

포슬포슬 삶은 감자에 햄과 채소, 마요네즈를 넣고
촉촉하게 버무린 감자샐러드는 고기 요리에 곁들이는 사이드 메뉴로도
빵 사이에 넣어 샌드위치로도 활용하기 좋아요.

089

고구마치즈스틱

난이도 ●●○
조리 시간 35분

바삭하게 한 입 베어 물면 고소한 치즈가 쭉~ 부드럽고 달콤한 고구마가 입안에서 사르르~. 먹는 즐거움이 가득한 건강 간식이랍니다.

재료(2인분/6개)

고구마 2개(400g)
스트링치즈 6개
밀가루 1/3컵
달걀 1개
마른 빵가루 1/2컵
파슬리가루 1/2작은술(선택)
소금 1/4작은술
식용유 적당량

만드는 법

1 냄비에 고구마와 고구마가 잠길 정도의 물을 붓고 삶은 뒤 껍질을 벗긴다.
2 껍질을 벗긴 고구마를 포크를 이용해 곱게 으깬 뒤 6등분 한다.
3 고구마를 눌러 펼치고 스트링치즈를 올려 전체적으로 감싼다.
    ┗ 균일한 두께로 전체를 감싸주어야 튀김 시 치즈가 터져나오지 않아요.
4 달걀은 풀어 준비하고 접시에 밀가루와 빵가루를 각각 담고 빵가루에는 파슬리가루를 섞어둔다.
5 고구마에 밀가루-달걀물-빵가루 순으로 튀김옷을 입힌다.
    ┗ 밀가루옷이 두껍게 입혀지지 않도록 가볍게 털어준 뒤 달걀옷을 입혀주세요.
6 깊은팬에 식용유를 넉넉히 붓고 180℃로 달군 뒤 ⑤를 넣고 노릇하게 튀긴다.
    ┗ 전체적으로 고르게 색이 나도록 중간중간 굴리며 익혀주세요.
7 키친타월에 올려 기름기를 뺀 뒤 그릇에 담아 완성한다.
    ┗ 기호에 따라 토마토케첩을 곁들이면 좋아요.

❶

❷

❸

❻

영상 QR코드
자세한 요리 영상과 함께
더욱 쉽게 요리해보세요.

090

묵은지마약김밥

못 먹어본 사람은 있어도 한 번만 먹은 사람은 없다는 마성의 그 요리 마약김밥을 익숙한 재료를 활용해 집에서도 쉽고 맛있게 요리해보세요. 단무지 대신 묵은지를 넣어 새콤하고 개운한 매력을 더했답니다. 연겨자소스에 콕 찍어 한입에 쏙~ 출구 없는 매력에 빠져보세요.

난이도 ●●○
조리 시간 25분

재료(2인분/10개)

밥 1.5공기(300g)
김밥 김 2.5장
묵은지 50g
당근 50g
깻잎 10장
슬라이스햄 10장
소금 약간
식용유 약간
참기름 약간
통깨 약간(선택)

밥 밑간

깨소금 1/2큰술
참기름 1작은술
소금 약간

연겨자소스

간장 2작은술
물 2작은술
연겨자 1.5작은술
설탕 1작은술
식초 1작은술

만드는 법

1 묵은지는 물에 헹군 뒤 찬물에 30~40분 정도 담가 군내와 신맛을 뺀다. 불린 묵은지를 건져 물기를 꼭 짠 다음 0.5cm 두께로 길게 썬다.
  ㄴ 묵은지의 신맛과 짠맛이 약간 남아있는 정도로 불려주세요.
2 고슬하게 지은 밥에 깨소금, 참기름, 소금을 넣고 고루 섞어 밑간한다.
3 당근은 채 썰고 깻잎은 반으로 자른다. 김은 십자모양으로 잘라 10장을 준비한다. 분량의 연겨자소스 재료를 섞어 준비한다.
4 중불로 달군 팬에 식용유를 약간 두른 뒤 채 썬 당근과 소금 약간을 넣고 2분간 볶아 익힌 다음 그릇에 덜어둔다.
5 중불로 달군 팬에 식용유를 약간 두른 뒤 슬라이스햄의 양면을 노릇하게 구운 다음 키친타월에 올려 기름기를 제거한다.
6 도마에 김을 올린 다음 이음새 부분을 살짝 남겨 밥을 2큰술씩 얇게 펴 올린다.
  ㄴ 이음새 부분에 물이나 밥풀을 약간 발라 말아주면 이음새가 쉽게 벌어지지 않아요.
7 각각 슬라이스햄 1장, 자른 깻잎 2장, 볶은 당근 1/10 분량, 묵은지 1/10 분량씩을 올린다.
8 슬라이스햄으로 속재료를 먼저 둥글게 말아준 다음 밥과 함께 돌돌 만다.
  ㄴ 김밥을 만 후 이음새 부분이 아래로 가도록 잠시 두면 김밥이 쉽게 풀리지 않아요.
9 김밥 윗면에 참기름을 약간 바른 뒤 접시에 담고 통깨를 약간 뿌린 다음 연겨자소스를 곁들여 완성한다.

091 김치치즈전

혼술이 생각나는 저녁, 군침 도는 김치치즈전 하나면 나 홀로 맥주파티도 외롭지 않아요. 지글지글 김치전 위에 깻잎 한 장 올리고 피자치즈를 듬뿍 올려 치즈가 녹을 때까지 익혀주면 완성! 부침개인 듯 피자인 듯 이색 매력이 느껴지는 김치치즈전으로 맛있는 혼술을 즐겨보세요.

난이도 ●○○
조리 시간 25분

재료(2인분/한 뼘 크기 4장)
배추김치 150g
(= 송송 썬 김치 1컵)
피자치즈 100g
양파 1/4개
깻잎 4장
식용유 약간
송송 썬 쪽파 약간(선택)

반죽
부침가루 1컵
김치 국물 1/2컵
달걀 1개
소금 약간
후춧가루 약간

만드는 법
1 배추김치는 송송 썰고 양파는 채 썬다.
2 볼에 분량의 반죽 재료를 넣고 덩어리지지 않도록 거품기로 잘 풀어준다.
   ㄴ 미리 만들어 냉장고에 넣어 차게 한 뒤 사용하면 더욱 바삭한 식감을 살릴 수 있어요.
3 반죽에 김치, 양파를 넣고 고루 섞는다.
4 중불로 달군 팬에 식용유를 넉넉히 두른 뒤 반죽을 깻잎 크기로 얇게 펴 올려 1분간 굽는다.
5 깻잎을 올리고 뒤집어 2분간 더 굽는다.
6 깻잎 올린 면이 위로 오도록 다시 뒤집어 약불로 줄인 뒤 피자치즈를 올린다.
7 뚜껑을 덮어 치즈가 녹을 때까지 2분간 더 익힌 다음 불을 끈다.
8 그릇에 담고 송송 썬 쪽파를 약간 뿌려 완성한다.

❸

❺

❻

❼

영상 QR코드
자세한 요리 영상과 함께
더욱 쉽게 요리해보세요.

092

난이도 ●●○
조리 시간 25분

흑임자참치말이

암 예방, 두뇌 발달, 피부 미용, 탈모 예방까지 팔방미인 블랙푸드 검은깨. 몸에 좋은 건 알지만 반찬 위에 솔솔~ 장식으로만 활용해왔다면, 검은깨를 곱게 갈아 참치와 깻잎을 더해 고소함으로 똘똘 뭉친 꼬마김밥을 만들어보세요. 알찬 영양은 기본, 씹을수록 고소함이 톡톡 터지는 이색 김밥이랍니다.

재료(2인분/6개)

밥 1.5공기(300g)
참치 1캔(150g)
조미 김 12장
깻잎 6장
청양고추 1개(선택)
검은깨 1/3컵

참치 밑간

마요네즈 2.5큰술
다진 양파 1큰술
설탕 2/3작은술
소금 약간
후춧가루 약간

만드는 법

1 밥은 고슬하게 지은 뒤 넓은 그릇에 펼쳐 올려 한 김 식힌다.
2 깻잎은 반으로 자르고 청양고추는 반으로 갈라 씨를 털어낸 뒤 잘게 썬다.
3 참치는 체에 밭쳐 숟가락을 이용해 기름기를 충분히 제거한 다음 청양고추, 참치 밑간 재료를 넣고 고루 버무린다.
   └ 김밥이 눅눅해지지 않도록 기름기를 충분히 제거해주세요.
4 검은깨는 절구에 넣고 반 정도 크기로 갈아준다.
   └ 조금씩 나누어 갈아주어야 균일하게 갈 수 있어요.
5 비닐백 위에 밥 1/6 분량을 10cm 크기의 정사각 모양으로 얇게 펼쳐 올린다.
   └ 비닐장갑을 끼거나 손에 물을 약간 묻히면 손에 밥알이 잘 달라붙지 않아요.
6 밥 윗부분을 2cm 정도 남기고 자른 깻잎 2장, 김 1장, 참치 1숟가락을 올린다.
7 김 1장으로 참치를 덮은 뒤 비닐을 당기며 돌돌 말아준다.
   └ 모양이 잘 잡히도록 가로방향으로 가볍게 쓸어가며 말아주세요.
   └ 접시에 밥알이 달라붙지 않도록 비닐을 1장 깔고 그 위에 올려두면 좋아요.
8 깻가루 위에 굴려 고루 입힌 뒤 그릇에 담아 완성한다.

> **청양고추 대신 피망을 사용해도 좋아요.**
> 청양고추를 약간 넣어주면 은은한 매콤함을 더하고 참치의 느끼함을 잡아줍니다. 아이들에게 만들어 줄 때에는 청양고추를 빼거나 고추 대신 피망으로 대체하면 좋아요.

 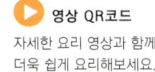 영상 QR코드
자세한 요리 영상과 함께 더욱 쉽게 요리해보세요.

093

떡꼬치

난이도 ●●○
조리 시간 20분

가끔은 소박한 간식 하나로 입가에 미소가 번지는 날이 있어요. 추억의 음식을 맛보면 그때 그 시절, 어렴풋한 추억이 떠올라 어느새 음식 대신 추억을 먹곤 하죠. 학창시절 즐거웠던 기억들을 떠올리며 꼬치에 떡과 함께 추억을 꿰어보세요.

재료(2인분/4개)

떡볶이 떡 20개
나무 꼬치 4개
식용유 적당량
다진 땅콩 약간(선택)

양념

케첩 2큰술
물엿 2큰술
고추장 1.5큰술
설탕 1큰술
다진 마늘 1작은술

만드는 법

1 나무 꼬치에 떡을 5개씩 꽂아 4개를 준비한다.
  ㄴ 냉동된 떡을 사용할 경우 살짝 데쳐 찬물에 헹군 뒤 사용하세요.
2 볼에 분량의 양념 재료를 넣고 섞어 준비한다.
3 중불로 달군 팬에 식용유를 넉넉히 두른 뒤 떡꼬치를 넣고 앞뒤로 2분 정도씩 노릇하게 튀긴 다음 키친타월에 올려 기름기를 뺀다.
4 중불로 달군 팬에 식용유를 약간 두른 뒤 양념을 넣고 저어가며 한소끔 끓인 다음 불을 끈다.
5 떡꼬치에 양념을 고루 바른 뒤 그릇에 담고 다진 땅콩을 약간 뿌려 완성한다.

영상 QR코드
자세한 요리 영상과 함께
더욱 쉽게 요리해보세요.

094
양파짜장떡볶이

2인분   난이도 ●○○   조리 시간 20분

떡볶이 떡 2컵(300g)
양배추 5장(150g)
양파 1개
대파 1/2대(5cm)

다진 마늘 1큰술
식용유 약간
청양고추 1/2개(선택)

짜장물
물 2컵
짜장가루 3큰술
고추장 1작은술
후춧가루 약간

만드는 법

1. 떡은 찬물에 헹구어 물기를 뺀다.
2. 양파는 굵게 채 썰고 양배추도 양파와 비슷한 크기로 채 썬다.
3. 대파와 청양고추는 잘게 썬다.
4. 볼에 물, 짜장가루, 고추장, 후춧가루를 넣고 풀어 준비한다.
5. 중약불로 달군 팬에 식용유를 약간 두른 뒤 다진 마늘, 대파, 청양고추를 넣고 1분간 볶는다.
6. 센불로 올려 양파, 양배추를 넣고 노릇하게 볶은 다음 떡볶이 떡과 짜장물을 넣고 5분간 끓인다.
   └ 양파와 양배추를 충분히 볶아주어야 소스의 풍미를 더욱 살릴 수 있어요.
7. 국물이 걸쭉하게 졸아들면 불을 끈 뒤 그릇에 담아 완성한다.

❷-1

❷-2

❻-1

❻-2

흔한 고추장떡볶이가 지겨울 때, 특별한 간식이 필요한 날,
떡볶이에 짜장옷을 입혀보는 건 어떨까요? 양파와 양배추로 건강한 단맛을 더하고
춘장 대신 짜장가루로 맛을 내어 더욱 간편하게 요리할 수 있어요.

영상 QR코드
자세한 요리 영상과 함께
더욱 쉽게 요리해보세요.

095
떠먹는 피자

2인분　난이도 ●●○　조리 시간 25분

식빵 2개　　　　방울토마토 3~4개　　　다진 마늘 1/2큰술
베이컨 3장　　　피자치즈 1컵(100g)　　소금 약간
양파 1/4개　　　시판 토마토소스 5큰술　파슬리가루 약간(선택)
피망 1/4개　　　우유 4큰술

만드는 법

1 식빵은 한 입 크기로 네모지게 썬다.
2 베이컨은 3cm 폭으로 썰고 양파와 피망은 1cm 크기로 썬다. 방울토마토는 4등분 한다.
3 중불로 달군 팬에 베이컨을 올려 노릇하게 익힌 다음 그릇에 덜어둔다.
4 베이컨 기름에 다진 마늘, 양파, 피망을 넣고 1분간 볶다가 토마토소스, 우유, 소금 약간을 넣고 끓인다.
　└ 식용유 대신 베이컨 기름을 그대로 사용하면 소스의 풍미를 더욱 살릴 수 있어요.
5 소스가 끓기 시작하면 식빵을 넣고 가볍게 버무린다.
6 약불로 줄여 피자치즈, 베이컨, 방울토마토를 올린 다음 뚜껑을 덮어 치즈가 완전히 녹을 때까지 3~4분 정도 익히고 불을 끈다.
7 뚜껑을 열고 파슬리가루를 약간 뿌려 완성한다.

피자 도우도 오븐도 필요 없어요~ 남은 식빵과 프라이팬으로 간단하게!
좋아하는 토핑 재료 듬뿍 올려 취향 저격, 나만의 피자를 만들어보세요.
떠먹는 재미까지 즐길 수 있는 매력만점 든든한 한 그릇이랍니다.

096

새우애호박전

난이도 ●○○
조리 시간 25분

애호박 고유의 부드러운 단맛과 쫄깃하게 씹히는 새우가 매력적인 새우애호박전입니다. 담백하게 요리하면 아이들도 좋아하는 건강 간식으로, 청양고추를 더하면 매콤한 맛이 느끼함을 잡아주어 어른들 술안주로도 인기 만점이에요.

재료(2인분/한 뼘 크기 4장)

애호박 1개
양파 1/2개
중하 8마리(또는 냉동 새우살 1컵)
청양고추 1/2개(선택)
부침가루 10큰술
물 1/2컵
식용유 적당량

양념간장 더하기⁺

간장 1큰술
식초 1작은술
설탕 1작은술

만드는 법

1 애호박은 0.5cm 두께로 둥글게 썬 다음 채 썰고 양파도 채 썬다. 청양고추는 곱게 다진다.
2 볼에 분량의 양념간장 재료를 넣고 섞어 준비한다.
3 새우는 껍질을 벗겨 굵직하게 썬 뒤 부침가루 1큰술을 넣고 버무려둔다.
  ㄴ 새우살에 부침가루를 버무려두면 전을 부칠 때 쉽게 떨어지지 않아요.
4 부침가루 9큰술에 물 1/2컵을 넣고 거품기로 고루 풀어준다.
  ㄴ 냉장고에서 20분 정도 차게 한 뒤 사용하면 더욱 바삭한 식감을 살릴 수 있어요.
5 반죽에 애호박, 양파, 새우살, 청양고추를 넣고 고루 섞는다.
6 중불로 달군 팬에 식용유를 약간 두른 뒤 반죽을 1/4 분량씩 얇게 펴 올리고 앞뒤로 노릇하게 부친다.
7 그릇에 담고 기호에 따라 양념간장을 곁들여 완성한다.

097
반건조오징어버터구이

2인분　난이도 ●○○　조리 시간 15분(오징어 불리기 15분 제외)

반건조 오징어 2마리(200g)　소금 약간
버터 1큰술　파슬리가루 약간
꿀 1큰술
파마산치즈가루 1작은술

만드는 법

1 반건조 오징어는 부드러워지도록 물에 15분 정도 담가 불린 다음 먹기 좋은 크기로 썬다.
　└ 몸통은 가로 방향으로 썰어주어야 돌돌 말리지 않아요.
　└ 마른오징어는 1시간 정도 불려 사용하세요.
2 중약불로 달군 팬에 버터를 녹인 다음 꿀을 넣어 섞는다.
3 반건조 오징어를 넣고 조리듯 2분 정도 볶아 익힌다.
　└ 버터는 발연점이 낮아 쉽게 탈 수 있으니 중약불에서 서서히 익혀주세요.
4 겉면이 윤이 나게 볶아지면 파마산치즈가루, 파슬리가루를 넣고 버무린 뒤 소금으로 간하여 완성한다.
　└ 파마산치즈가루 대신 고춧가루나 카레가루 등을 넣어 다양하게 활용해도 좋아요.

부드럽고 말랑한 식감으로 부담 없이 즐기기 좋은 반건조 오징어는
DHA 및 EPA, 타우린 성분이 풍부하게 함유되어 있어
성장기 두뇌 발달과 치매 예방, 피로 회복 등에 좋은 영양간식이랍니다.

영상 QR코드
자세한 요리 영상과 함께
더욱 쉽게 요리해보세요.

098

식빵핫도그

식빵 위에 치즈와 소시지를 올려 돌돌~ 노릇노릇 먹음직스럽게 튀기면 맛있고 든든한 엄마표 간식이 완성됩니다. 나무 꼬치에 끼우면 인기 만점 추억의 간식으로, 동글하게 썰면 한 입에 쏙 귀여운 도시락 반찬으로 활용하기 좋아요.

난이도 ●●○
조리 시간 25분

재료(2인분/2개)
식빵 3장
소시지 2개(120g)
슬라이스치즈 2장
달걀 1개
소금 약간
케첩 약간
머스타드소스 약간
식용유 적당량

만드는 법

1 식빵 2장은 가장자리를 살짝 잘라내고 밀대를 이용해 납작하게 민다. 1장은 강판에 갈거나 손으로 잘게 뜯어 빵가루를 만든다.
2 달걀에 소금을 약간 넣고 풀어준 뒤 넓은 그릇에 담는다.
3 소시지는 앞뒤로 5~6번씩 칼집을 살짝 넣어 준비한다.
4 중불로 달군 팬에 식용유를 약간 두른 뒤 소시지를 올려 노릇하게 굽는다.
  └ 소시지를 끓는 물에 살짝 데쳐 사용해도 좋아요.
5 식빵 아랫선에 맞추어 슬라이스치즈와 소시지를 올린 다음 돌돌 말아 달걀물, 빵가루 순으로 입힌다.
6 팬에 식용유를 넉넉히 둘러 중불에서 170℃ 정도로 달군 뒤 식빵핫도그를 넣고 굴려가며 노릇하게 익힌다.
  └ 빵가루를 약간 떨어뜨려보아 살짝 가라앉았다가 바로 떠오르는 정도의 온도가 적당해요.
7 식빵핫도그를 그릇에 담고 케첩과 머스타드소스를 약간씩 뿌려 완성한다.

영상 QR코드
자세한 요리 영상과 함께
더욱 쉽게 요리해보세요.

099

식빵애플파이

달콤한 사과조림 속 은은하게 번지는 시나몬 향이 매력적인 애플파이 한 조각과 함께 따뜻한 차 한잔 어떠세요? 식빵을 활용하면 파이반죽 없이도 쉽고 간편하게 만들 수 있답니다.

난이도 ●○○
조리 시간 25분

영상 QR코드
자세한 요리 영상과 함께
더욱 쉽게 요리해보세요.

재료(2인분/4개)

식빵 8장
물 약간
버터 약간

사과조림

사과 1개
황설탕(또는 백설탕) 3큰술
버터 1큰술
레몬즙 1큰술
꿀 1작은술
시나몬파우더 1/3~1/2작은술
소금 약간

만드는 법

1. 식빵은 가장자리를 약간 잘라낸 뒤 손바닥으로 살짝 눌러 준비한다.
   └ 식빵이 마르지 않도록 랩으로 감싸거나 비닐백에 잠시 넣어주세요.
2. 사과는 껍질을 벗겨 씨를 제거하고 가로, 세로 1cm 크기로 썬다.
3. 중약불로 달군 팬에 버터 1큰술과 황설탕을 넣고 녹인 뒤 나머지 사과조림 재료(사과, 레몬즙, 꿀, 시나몬파우더, 소금)를 넣고 사과가 부드러워질 때까지 10분 정도 조린 다음 불을 끈다.
4. 도마에 식빵 4장을 올리고 가운데 사과조림을 나누어 올린다.
5. 가장자리에 물을 약간 바른 뒤 나머지 식빵 4장으로 덮은 다음 포크를 이용해 가장자리를 눌러 붙인다.
6. 약불로 달군 팬에 버터를 약간 녹인 뒤 애플파이를 올려 양면을 노릇하게 굽는다.
   └ 겉을 살짝 구워주면 바삭한 식감을 함께 즐길 수 있어요.
7. 식빵애플파이를 그릇에 담아 완성한다.

DESSERT

100 견과류시리얼바

난이도 ●○○
조리 시간 15분(굳히기 20분 제외)

견과류시리얼바는 두뇌 소비량이 많은 수험생들 영양 간식으로도, 바쁜 아침 든든한 식사 대용으로도 제격이랍니다. 설탕 대신 꿀과 올리고당으로 부드럽게 조려 이가 아플 걱정 없이 먹기에도 정말 편해요.

재료(2인분/5~6개)

시리얼 & 견과류 & 건과일 260g
- 통곡물 시리얼 50g
- 아몬드 50g
- 호두 50g
- 캐슈넛 50g
- 해바라기씨 20g
- 건크랜베리 20g
- 건블루베리 20g

시럽
물 2큰술
꿀 2큰술
올리고당 2큰술
올리브유 1큰술
시나몬파우더 약간

만드는 법

1 시리얼은 볼에 담아 가볍게 부수고 아몬드, 호두, 캐슈넛은 굵게 다진다.
   └ 기호에 따라 다양한 견과류를 활용해보세요.

2 기름을 두르지 않은 마른 팬에 시리얼과 견과류(아몬드, 호두, 캐슈넛, 해바라기씨)를 넣고 중약불에서 5분 정도 볶은 다음 그릇에 덜어둔다.
   └ 견과류를 살짝 볶아 사용하면 묵은내가 제거되고 고소한 맛을 더욱 살릴 수 있어요.

3 팬에 물, 꿀, 올리고당, 올리브유를 넣고 저어준 뒤 중불에서 끓인다.
   └ 올리브유를 약간 넣어주면 자를 때 칼에 달라붙지 않아요.

4 끓기 시작하면 시리얼, 견과류, 건크랜베리, 건블루베리를 넣고 버무리며 3분간 조린 뒤 시나몬파우더를 넣고 가볍게 버무린 다음 불을 끈다.

5 사각용기 안쪽에 종이호일을 잘라 깔아준다.

6 조린 견과류를 담고 윗면에 종이호일을 잘라 덮어 바닥이 평평한 그릇으로 누르며 모양을 잡는다.
   └ 안쪽에 종이호일을 깔거나 오일을 살짝 바르면 용기에 견과류가 들러붙지 않아요.

7 냉장고에 넣어 20분 정도 굳힌 다음 꺼내어 먹기 좋은 크기로 잘라 완성한다.

영상 QR코드
자세한 요리 영상과 함께 더욱 쉽게 요리해보세요.

INDEX
/ 종류별

밥

(덮밥)

고추참치달걀덮밥	96
닭갈비덮밥	86
닭고기조림덮밥	94
대패삼겹살볶음덮밥	74
데리야끼치킨덮밥	78
돼지고기미나리덮밥	90
두부스팸덮밥	48
두부청경채덮밥	114
마늘감자조림덮밥	110
마늘카레덮밥	104
마파가지덮밥	100
명란두부덮밥	52
명란아보카도덮밥	178
목살김치덮밥	102
베이컨숙주덮밥	84
새우브로콜리잡채덮밥	88
스팸짜장덮밥	108
양배추소시지덮밥	58
어묵부추덮밥	50
오야코동	56
오징어볶음덮밥	80
오코노미야키덮밥	106
참치김치덮밥	82
텐신항	76

(볶음밥)

마늘종명란볶음밥	64
불고기깍두기볶음밥	92
새우볶음밥	60
양배추참치볶음밥	68
오므라이스	98
우주선김치볶음밥	62
치즈베이컨볶음밥	54

(비빔밥)

노른자장비빔밥	70
두부장비빔밥	112
부추달걀비빔밥	180
불고기케일비빔밥	66

(김밥·쌈밥)

묵은지마약김밥	218
훈제오리묵은지쌈밥	162
흑임자참치말이	222

(국밥)

김치콩나물국밥	116

면

감자들깨칼국수	130
김치수제비	132
깻잎페스토참치스파게티	128
명란크림파스타	126
불고기크림파스타	124
양배추볶음라면	120
어묵비빔국수	118
오이냉국국수	194
주키니파스타	186
찜닭볶음면	122

빵

갈릭쉬림프브루스케타	174
길거리토스트	38
단호박에그샌드위치	32
달걀샌드위치	34
만다린브루스케타	172
바질페스토브루스케타	170
식빵달걀빵	40
식빵애플파이	236
식빵핫도그	234
연어샌드위치	184
프렌치토스트	36
훈제연어크림치즈브루스케타	168

오믈렛

고구마프리타타	46
두부오믈렛	182

수프

단호박수프	42
닭고기감자수프	44

샐러드

감자샐러드	214
마늘소고기샐러드	192
방울토마토그린빈샐러드	188
연두부샐러드	190
카프레제샐러드	144

피자 · 그라탱

감자치즈그라탱	150
두부애호박그라탱	158
두부피자	166
떠먹는피자	228

떡볶이 · 떡꼬치

국물떡볶이	202
떡꼬치	224
양파짜장떡볶이	226
크림떡볶이	206

전

감자전	210
김치치즈전	220
두부전	204
새우애호박전	230
해물파전	156

맛탕

고구마맛탕	200
두부맛탕	208

그 외

가지오븐구이	148
감바스알아히요	152
견과류시리얼바	238
고구마치즈스틱	216
두부돼지고기숙주볶음	142
두부베이컨말이	140
반건조오징어버터구이	232
버터바지락술찜	154
새우갈릭버터구이	136
양배추롤	146
양배추비빔만두	160
오삼불고기	164
찹스테이크	138
콘치즈	212
파프리카월남쌈	196

INDEX
/ 가나다순

ㄱ

가지오븐구이	148
갈릭쉬림프브루스케타	174
감바스알아히요	152
감자들깨칼국수	130
감자샐러드	214
감자전	210
감자치즈그라탱	150
견과류시리얼바	238
고구마맛탕	200
고구마치즈스틱	216
고구마프리타타	46
고추참치달걀덮밥	96
국물떡볶이	202
길거리토스트	38
김치수제비	132
김치콩나물국밥	116
김치치즈전	220
깻잎페스토참치스파게티	128

ㄴ

노른자장비빔밥	70

ㄷ

단호박수프	42
단호박에그샌드위치	32
달걀샌드위치	34
닭갈비덮밥	86
닭고기감자수프	44
닭고기조림덮밥	94
대패삼겹살볶음덮밥	74
데리야끼치킨덮밥	78
돼지고기미나리덮밥	90
두부돼지고기숙주볶음	142
두부맛탕	208
두부베이컨말이	140
두부스팸덮밥	48
두부애호박그라탱	158
두부오믈렛	182
두부장비빔밥	112
두부전	204
두부청경채덮밥	114
두부피자	166
떠먹는피자	228
떡꼬치	224

ㅁ

- 마늘감자조림덮밥 110
- 마늘소고기샐러드 192
- 마늘종명란볶음밥 64
- 마늘카레덮밥 104
- 마파가지덮밥 100
- 만다린브루스케타 172
- 명란두부덮밥 52
- 명란아보카도덮밥 178
- 명란크림파스타 126
- 목살김치덮밥 102
- 묵은지마약김밥 218

ㅂ

- 바질페스토브루스케타 170
- 반건조오징어버터구이 232
- 방울토마토그린빈샐러드 188
- 버터바지락술찜 154
- 베이컨숙주덮밥 84
- 부추달걀비빔밥 180
- 불고기깍두기볶음밥 92
- 불고기케일비빔밥 66
- 불고기크림파스타 124

ㅅ

- 새우갈릭버터구이 136
- 새우볶음밥 60
- 새우브로콜리잡채덮밥 88
- 새우애호박전 230
- 스팸짜장덮밥 108
- 식빵달걀빵 40
- 식빵애플파이 236
- 식빵핫도그 234

ㅇ

- 양배추롤 146
- 양배추볶음라면 120
- 양배추비빔만두 160
- 양배추소시지덮밥 58
- 양배추참치볶음밥 68
- 양파짜장떡볶이 226
- 어묵부추덮밥 50
- 어묵비빔국수 118
- 연두부샐러드 190
- 연어샌드위치 184
- 오므라이스 98
- 오삼불고기 164
- 오야코동 56
- 오이냉국국수 194
- 오징어볶음덮밥 80
- 오코노미야키덮밥 106
- 우주선김치볶음밥 62

ㅈ – ㅊ

- 주키니파스타 186
- 찜닭볶음면 122
- 참치김치덮밥 82
- 찹스테이크 138
- 치즈베이컨볶음밥 54

ㅋ – ㅎ

- 카프레제샐러드 144
- 콘치즈 212
- 크림떡볶이 206
- 텐신항 76
- 파프리카월남쌈 196
- 프렌치토스트 36
- 해물파전 156
- 훈제연어크림치즈브루스케타 168
- 훈제오리묵은지쌈밥 162
- 흑임자참치말이 222

후다닥
한 그릇
100

초판 1쇄 발행	2019년 07월 12일
지은이	핸디쿡
발행인	김보경
요리/사진	배정은
편집디자인	배정은
경영지원 총괄	김수현
펴낸곳	도서출판 개암나무(주)
주소	서울특별시 용산구 한남동 한남대로 40길 19 4층
전화	02) 6254 - 0601 / 02) 6207 - 0603
팩스	02) 6254 - 0602
E-mail	hazel@gaeamnamu.co.kr
출판등록	2006년 6월 16일 제 22-2944호

ⓒ 핸디쿡, 2019
이 책의 저작권은 저자에게 있습니다. 저자와 출판사의 허락 없이 내용의 일부를
인용하거나 발췌하는 것을 금합니다.

ISBN 978-89-6830-522-1 13590

이 도서의 국립중앙도서관 출판시도서목록(CIP)은 서지정보유통지원시스템 홈
페이지(http://seoji.nl.go.kr)와 국가자료공동목록시스템(http://www.nl.go.
kr/kolisnet)에서 이용하실 수 있습니다. (CIP제어번호: CIP2019023963)

이 제작물은 아모레퍼시픽의 아리따글꼴을 사용하여 디자인 되었습니다.

헤이즐
헤이즐은 개암나무의 라이프&힐링 브랜드입니다. 은은한 헤이즐넛 향처럼 삶에
쉼표가 되어 줄 다채로운 콘텐츠를 만듭니다.